JN034831

ジャーナル・インパクトファクターの基礎知識

ライデン声明以降のJIF

棚橋 佳子

Mastering Journal Impact Factor

JIF after the Leiden Manifesto

Yoshiko Tanahashi

樹村房

はじめに

インパクトファクターは，正式名を「ジャーナル・インパクトファクター (Journal Impact Factor (JIF) ™)」といい，学術誌を評価する指標として，米国のユージン・ガーフィールド博士（Eugene Garfield, 1925-2017）によって考案されたものである。最初のJIFが発表されたのは，1976年創刊のジャーナル引用レポート「Journal Citation Reports™ (JCR)」上であった。JCRは年刊で，一年間の学術誌の引用統計をまとめるレファレンスツールである。毎年JIFはJCR上で発表され，学術誌の引用動向を知ることのできる指標として，半世紀近くにわたって利用されてきた歴史がある。

「ジャーナル・インパクトファクター」は，文字どおり，ジャーナルのインパクト，「学術誌の注目度」を表す指標で，国際的な学術誌に接すると必ず目にする指標である。

しかしJIFの成り立ちや，どんな基準で学術誌に付与され，どのように活用されるべきか，実際には知られていない。本書では，さまざまな立場から，JIFと向き合うことになったときに，JIFの数値に振り回されることなく，有用にJIFを扱って，本来の学術誌分析に役立てていただくことを意図している。

JCRの創刊以来45年以上にわたり，世界の研究者やビブリオメトリクスの専門家の間でJIFの利用のされ方について数々の議論がなされてきた。JIFにはジャーナルのパフォーマンス指標としてだけでなく，定量的指標，客観的指標という性質があるために，研究業績の客観的な尺度として使われるようになり，そのことの是非がしばしば取り上げられてきた。

一般的に，引用をカウントすることで，「影響がある」と位置付ける意味は，引用が学術コミュニケーションにおける先行研究への献辞であることに起因する。引用は「注目した」「利用があった」「受け入れられた」「影響を受けた」ことを示し，総括して「インパクト」があったと見なされる。ただ，これがやっかいなことに，「インパクトがある」が，クオリティの尺度であるかのように，JIFが論文の評価や個人の業績評価にそのまま使われることに違和感が生まれる。

JIF はジャーナルのインパクト，「学術誌の注目度」を表す指標で，論文そのものの品質の尺度を表す数値ではない。JIF を考案したガーフィールド自身も，引用分析を研究者や研究機関の業績評価に使うことに対し頻繁に注意喚起を行ってきた[1,2,3]。

2000年代，各国において研究者の業績評価や大学等への資金配分の評価に，客観的根拠（エビデンス）に基づく評価手法が求められる中でやがて，JIF 利用の注意喚起は警告として提言が出るまでになった。警告は，2015年に研究評価における計量データ利用の最善策を語る「ライデン声明」となって，ビブリオメトリクスの専門家たちによって Nature 誌に発表された[4]。本書は，こうした是正の動きを受けた後の JIF の透明性重視のあり方にも着目した。

2022年７月末，クラリベイト社は，2023年以降の JCR には，Web of Science Core Collection™ のすべてのジャーナルに JIF を付与することを発表した。これは非常に大きな変更であり，新興国や小規模の地域ジャーナルを含めて，厳選された質の高いジャーナル全体に JIF が付与され，比較できることになったという点が意義深い。この変更により JIF を新たに取得するジャーナルについても解説した。

世界への研究発信力を高めるため，今こそ JIF を「賢く」使いこなして，学術情報流通における激しい変化をつかむコツを実感していただきたい。

JIF は，世界規模の学術コミュニティで，学術誌や分野の動向，特定主題の

1：Garfield, E. How can impact factors be improved?. British Medical Journal. 1996, vol.313, no.7054, p.411-413.

2：Garfield, E. Journal impact factor: a brief review. Canadian Medical Association Journal. 1999, vol.161, no.8, p.979-980.

3：Garfield, E. The history and meaning of the journal impact factor. JAMA-Journal of the American Medical Association. 2006, vol.295, no.1, p.90-93.

4：Hicks, Diana. et al. The Leiden Manifesto for research metrics. Nature. 2015, vol.520, p.429-431, https://doi.org/10.1038/520429a, (accessed 2022-08-04).
小野寺夏生，伊神正貫による日本語訳のページも参照されたい（http://www.leidenmanifesto.org/uploads/4/1/6/0/41603901/leiden_manifesto_japanese_161129.pdf）。

研究動向，すなわち「科学を知る」上で変化のあったことを示す指標として使われてきた。単なるランキングにとどまらず，ちょっとした学術界の常識，見識が得られるのも JIF の用途である。本書では，「科学を知る」「科学の動向を分析する」ときに，JIF を正しく把握し有用に使えるように，「基礎編」「実践編」として構成した。特に，目的に応じて，以下のように各章を活用されたい。

JIF に馴染みのない方には，I 部基礎編，1章の JIF の基礎知識から，JIF の成り立ちが理解できる。JIF の強みとその限界，JIF の用途も解説している。賢く JIF を使うには，JIF がどのようなデータに基づき算出されているかを把握されるとよい。

若手の研究者の方には，JIF を投稿誌選定などに役立てるために，2章で JIF が付与される基準，4章でジャーナル・プロファイル情報の見方をご覧いただくと効率的である。ジャーナル・プロファイルは，JIF の内容を深く掘り下げ，学術誌の今を知る道標である。分野内での学術誌の位置を読み取り，研究主題や目的に従った投稿誌選定に挑戦していただきたい。

図書館員の方には，2章のジャーナルの厳選基準が，外国雑誌のコレクションの最適化や，粗悪ジャーナルの見極め等にお勧めしたい。また，2章7項で詳述するように，誤った書誌情報の記載は，フルテキストへのリンクが途絶える原因となるので，引用索引の活用を獲得していただきたい。3章の引用分析データ利用の基本は，図書館の外国雑誌運営に有用な情報である。6章では，JIF 以外の学術誌評価指標にも言及した。

学術誌編集に携わる方には，4章でジャーナル・プロファイル情報を読み解いて，JIF の根拠となるデータから，学術誌向上へのヒントを獲得されたい。5章では，学術誌編集者の視点で JIF の審査要件を考察し，日本の学会誌が躍動を続けるために，学会誌現状把握と向上へのヒントを探ることができると思う。

IR 担当・URA の方，引用分析を業務とされる方には，7章で研究業績評価と定量的分析に言及する提言と JIF の根拠データの公開により，引用分析の新たな側面を発見されたい。

7章は，引用分析のあり方が問われ，それを利用する側と，データ提供する側と，全方位的に問題提議がなされた動きに対して，クラリベイト社が行った

JIF 関連の改善について考察している。

毎年更新される JIF は，その値を絶対視するものではなく，学術誌の「健康度チェック」のように考えてはどうだろう。人の健康診断でも，血圧の数値だけでの判断はしない。その血圧に関連した数値をみて，身体のバランスから，個人の健康度チェックは成り立つ。学術誌が属する分野の研究コミュニティの動向に寄り添って発展しているか，外れて遅れぎみなのか。学術出版の動向に敏感であることが重要である。JIF をきっかけとして，学術誌の現状把握に役立てていただきたい。

学術論文の引用ネットワークがわかるデータベースは，JIF の典拠データベースであるクラリベイト社の Web of Science が老舗である。商用では2004年にエルゼビア社の Scopus，2018年にデジタルサイエンス社の Dimensions，加えて2004年 Web 上無料でアクセスできる Google Scholar と，追随するデータベースも提供されている。

Web of Science が上記の３つのリソースと異なるのは，引用索引がコンテンツであることだ。すなわち，引用索引検索（Cited Reference Search）ができる情報コンテンツは Web of Science が唯一である。また，本書の主題である JIF が付与されている学術誌と付与されていない学術誌が同時に識別できること，双方を分けての検索もできることは，新たな可能性を生み出している。

さらに前述の３つの情報源は，情報検索システムの作りが引用索引システムではなく，文献間の引用ネットワークをキュレーションして作成されている。新しい価値を追求して，４者が切磋琢磨する時代になったことで，定量的分析に使えるデータも多様化し，調査分析ツールは進展を続けている。

JIF だけで学術情報流通を語ることはできないが，変化の激しい学術誌出版の動向を知るには JIF の活用は欠かせない。JIF は，一論文あたりの平均被引用率という単純な数値であるが，JIF の透明性重視の要請を受けて，算出の根拠情報が可視化され，入手しやすくなった。JIF が学術誌パフォーマンス指標としての本来の役割をしっかり果たせるよう，本書の上梓がその一助となることを願っている。

ジャーナル・インパクトファクターの基礎知識

もくじ

序章

ジャーナル・インパクトファクター（Journal Impact Factor：JIF）を研究機関や研究者個人の業績評価に使うべきではない，とする勧告は過去にも数多く出ている。

しかし，2010年代，流れは変わった。

2013年「研究評価に関するサンフランシスコ宣言（San Francisco Declaration on Research Assessment：DORA）」[1]，2015年「研究計量に関するライデン声明（The Leiden Manifesto for research metrics：ライデン声明）」[2]と相次いで提言が発表されることで，「責任ある研究評価」への大きなうねりが始まったのである。

DORAは，JIFのような，定量的指標の不適切な評価実践を防ぐことが喫緊の課題であるとして，語調強くJIFを批判した。ライデン声明は，研究評価に関わる研究者，管理者，評価者にとっての，計量データ利用についてのガイドラインとして，ビブリオメトリクス（科学計量）の適正な利用のあり方を追求した。

こうした提言は，各国での既存の研究評価の在り方を問う動きとして広がり，日本でも令和３年11月，日本学術会議の科学者委員会研究評価分科会により，提言「学術の振興に寄与する研究評価を目指して：望ましい研究評価に向けた課題と展望」が公開された。この提言の目的は，研究評価において定量的評価

1：米国細胞生物学会．研究評価に関するサンフランシスコ宣言．https://sfdora.org/read/read-the-declaration-japanese/，（参照 2022-08-04）．

2：Hicks, Diana. et al. The Leiden Manifesto for research metrics. Nature. 2015, vol.520, p.429-431, https://doi.org/10.1038/520429a, (accessed 2022-08-04).
小野寺夏生，伊神正貫による日本語訳のページも参照されたい（http://www.leidenmanifesto.org/uploads/4/1/6/0/41603901/leiden_manifesto_japanese_161129.pdf）。

手法を過度に偏重しないよう求めること，国際的動向を紹介して，望ましい研究評価の方向性を示すことを挙げている。

このような考え方を総称して「責任ある研究評価（Responsible Research Assessment：RRA)」と呼ぶようになった。

これに対し，JIF を提供するクラリベイト社も，DORA やライデン声明を提唱した科学計量学の専門家らと渡り合った。そして対案の一つとして2018年，「メトリクスでなく，プロファイルを（Profiles, Not Metrics）[3]」という報告書を出版した。一つの定量的指標では，評価は不十分であることを説き，プロファイル全体を見ることの重要性を謳った。さらに，JIF の算出時の内訳データを掲載し，JIF の透明性，数値の根拠を明らかにした。これにより，JIF を発表するジャーナル引用レポート（Journal Citation Reports：JCR）は大幅に改良された。クラリベイト社は，これが対案である，というアナウンスはしていないが，定量的評価は，定性的評価を補完するものであるべきとするライデン声明を支援している。

こうした背景から，「責任ある研究評価」への流れを受けて，JIF の提供のされ方が変わってきた。JIF の算出方法は一貫して変わっていないが，細かな編集方針についても公開を始めた。2017年以前のデータ提供と比べると格段に多くの量の分析用データが容易に入手できるようになった。

JCR2020年版は，早期公開論文が JIF の算出に加えられた。コロナ禍で医学関連文献が大量に増加したところへ，さらに早期公開論文の被引用も加わって，各ジャーナルの JIF は躍進した。全体に JIF が伸びたので，分野内での相対値は変わっていない。

JCR2021年版では，さらにパンデミック関連の論文が最多被引用数の上位を占め，JCR 創刊以来，初めて200を超える JIF が Lancet 誌に付いた。医学分野の Lancet 誌は2021年に最多被引用論文トップ10論文のうち３報が Lancet 誌に掲載されたもので，COVID-19治療関連論文であった。同様の影響を受けて，Nature 誌の年間総被引用数は，JCR 創刊以来，初めての100万件を超えた。

3：Adams, J. et. al. Profiles, not metrics. Philadelphia; London, Institute for Scientific Information; Clarivate Analytics, 2019, p.1-9.

驚くことに，2023年にリリースされるJCR2022年版からは，Web of Science Core Collectionの全てのジャーナルにJIFが付与され，JIFの表記も小数点以下一桁となる。これは前述のDORA宣言で指摘された要望に応えるものとなった。

「ジャーナル・インパクトファクター」は，学術誌が，そこに掲載される論文によって引用関係を構築していることを教えてくれる。

数字の裏側を解き明かすことは容易になった。

「ジャーナル・インパクトファクター」をきっかけに，激変する学術出版の世界や学術情報流通に精通していく扉が開かれることを切望する。

I 部

基礎編

1章 ジャーナル・インパクトファクターの基礎知識

1.1 ジャーナル・インパクトファクターとは

ジャーナル・インパクトファクター，正式名 Journal Impact Factor（JIF）™ は，論文の引用データを基にして算出された学術雑誌の評価指標である。クラリベイト社が提供する学術情報データベース，Web of Science Core Collection™（Web of Science）に収録される学術雑誌のうち，JIF は自然科学・社会科学分野の学術雑誌に付与されてきた。

引用索引である Web of Science は，論文間の引用関係を明らかにし，論文が出版後に何回引用されているか（被引用数）がわかる。この引用索引に蓄積された論文の引用データは，一年に一回，ジャーナルごとにまとめられて，Journal Citation Reports™（JCR）として刊行される。JIF は，この JCR という学術雑誌の引用統計年刊レポートの中で，学術雑誌の評価指標の一つとして発表されてきた。

JCR は毎年 6 月末前後に刊行され，前年の 1 年間に出版された学術雑誌の引用データをまとめている。JCR には，JIF 以外の，学術雑誌の動向を表す多くの統計指標が示されている。

JIF を紐解くには，数字の裏側が読めるようになることが重要である。そのヒントになる統計指標を使いこなすと，ジャーナルのさまざまな側面が見えてくる。

ここで，JIF は，どれくらいの学術雑誌に付与されているのか，JCR2020年版のデータで概観しておこう（1-1 表）。

JCR の収録誌数は，2021年 6 月発行の JCR2020年版から大きく拡大した。

1－1表　JCR2020年版データの収録誌数と JIF 付与

収録誌総数	20,942誌
分野数	254分野
JIF が付与されたジャーナル数	12,282誌
初めて JIF 付与されたジャーナル数	207誌

JCR2019年版までは JIF が付与されるジャーナルのみを収録していた。JCR2020年版からはその対象が学術誌全般となり，人文科学や，JIF の付与されていない全分野の学術誌の収録が始まったのである（7.7参照）。

1.2　ジャーナル・インパクトファクターが考案された理由

そもそもジャーナル・インパクトファクターは，その考案者であるユージン・ガーフィールド博士（Eugene Garfield，以降敬称略）が，学術誌の目次速報

▶コラム1

本書における「引用」「被引用」の表記について

日本語では，「引用」の表記に「引用されている」の意味を持つ語がある。レファレンスの意味で用いる「引用文献」がそれにあたる。英語では「引用文献リスト」のことを Reference もしくは Cited Reference という。

本書では，「Total Citation」を「総被引用数」，Citation がカウント数として用いられるときは，同様に「被引用数」とする。

ただ，Citation が Citation Index，あるいは Citation Analysis，Citation Data のように用いられる場合は，「引用索引」「引用分析」「引用データ」という用語が日本語として一般的であるので，このまま用いる。

その他，英語で Cited が用いられる用語は，被引用，もしくは「引用される」を訳語とする。英語で Citing が用いられる用語は，引用，もしくは「引用する」を訳語とする。以下参照。

- Cited Half-Life ＝被引用半減期
- Citing Half-Life ＝引用半減期

誌や引用索引を実用化する過程で，学術誌を選定するための指標として1960年代に開発した実用性の高いものである。

1－1図 Eugene Garfield (1925–2017)

「引用される」ということを，一つの注目度と見なし，「よく引用される論文」を多く掲載する学術誌ほど，学術的インパクトをもたらすとする考え方がある。ガーフィールドは学術誌ごとに掲載論文の被引用数を集計した。しかし被引用数の多い順に評価すると，掲載論文数や出版頻度が低い学術誌が不利になる。そこでガーフィールドは，出版規模や刊行頻度によるバイアスを除いて学術誌を比較し，評価する方法を模索した結果，「一定期間に学術誌が引用された回数を，掲載論文数で割って平均化する」というジャーナル・インパクトファクターを考案した[1]。当時の学術誌で，掲載論文数の多い Journal of Biological Chemistry 誌と，比較的小規模の Annual Review of Biochemistry 誌を同じ土俵で比較できるようにして，小規模の学術誌にも選定される可能性を高めるために作ったとされている[2]。

また，JIF が生まれた時代の学術誌の著しい発展も背景にある。学術情報流通が論文出版として学術誌を各分野に発展させた。現在の MEDLINE の前身 Index Medicus 誌や SciFinder の前身 Chemical Abstracts 誌などの索引誌が生まれた時代である。これらの索引誌により，研究者が文献を探すときに，論文タイトルや著者名による調査が可能になった。インターネット以前は，研究者が文献を探すときには，こうした索引誌や抄録誌[3]が主流に使われていた。定期刊行された索引誌や抄録誌は，重宝され，図書館のレファレンスブックとして常備されていた。

1：Garfield, E; Sher, IH. New factors in the evaluation of scientific literature through citation indexing. American Documentation. 1963, vol.14. p.195-201.

2：Garfield, E. The meaning of the Impact Factor. International Journal of Clinical and Health Psychology. 2003, vol.3, no.2, p.363-369, http://www.aepc.es/ijchp/TheMeaningOfTheImpactFactor.pdf, (accessed 2022-08-04).

3：分野ごとに学術誌の抄録だけを集めたもの。

しかし，ガーフィールドは，増え続ける学術誌に対し，キーワードで調査する索引誌・抄録誌だけでは，論文調査は不十分であることに気づいていた。特に先行する研究の有無を見極めるには，キーワードでの調査では十分ではなかった。そこで，彼はキーワードによる調査を補完するものとして「論文そのもの」をキーとしてはどうか，と考えた。論文と論文は引用でつながっている。ガーフィールドは「論文のネットワークにおいて情報を整理する」という「引用索引の発想」を1955年 Science 誌に発表したのである[4]。

「論文そのもの」をキーとする，とは論文 A が引用する過去の論文と，論文 A を引用する未来の論文を見出すこと。ガーフィールドは“Association of idea index”，すなわち，アイデアの関連付けのできる索引を提唱したのである。

その後，ガーフィールドは1960年旧 ISI 社（Institute for Scientific Information）[5] を設立し，1964年に最初の引用索引 Science Citation Index（SCI）を創刊した[6]。著者が論文に付ける引用文献を記録してリンクすることで，SCI は「論文そのもの」をキーとしたアイデアの関連付けのできる索引となった。このときのガーフィールドの発想は，現代の Web のハイパーリンクと Google 検索アルゴリズムが創出されることをすでに30年前に予見していたともいえる。

1－2図　初期の Science Citation Index

引用索引の出現は画期的で，その後の引用分析の発展により情報科学に影響を与え，ビブリオメトリクス（Bibliometrics, 計量書誌学）やサイエントメトリクス（Scientometrics，科学計量学）分野の研究

4：Garfield, Eugene. Citation Indexes for Science: A New Dimension in Documentation through Association of Ideas. Science. 1955, vol.122, p.108-111.

5：旧 ISI 社は現クラリベイト社の前身。1991年にトムソン・コーポレーションに買収されて後，2008年にトムソン・ロイター社の学術情報部門となり，2016年にトムソン・ロイターから分離し，現在のクラリベイト社となる。

6：Garfield, Eugene. Science Citation Index: A New Dimension in Indexing. Science. 1964, vol.144, p.649-654.

に大きく貢献している。

ガーフィールドは，この引用索引 SCI の実装までの間，JIF の開発も進め，1976年に JCR1975年版を創刊した。最初の JIF の誕生である。

JCR はこの後14年間，毎年の引用索引 SCI の最終巻として発行された。現行の Web 版 JCR では Web of Science の自然科学版 SCIE と社会科学版 SSCI を合わせた12,282誌に JIF が付与され，1997年版以降の JIF が調べられる。JCR は論文ベースおよび著者ベースの引用索引を再編成して，ジャーナルベースの引用統計を作っているので，ジャーナル間の引用関係を理解することができる。

1.3 ジャーナル・インパクトファクターの算出方法

JIF は，学術誌の1論文あたりの平均被引用数であるが，対象とする論文は，直前2年間である。2020年の JIF は，2018年と2019年の出版論文に対する被引用数を，同じ2年間の出版論文数で割った値である。

算出式は次のとおりである。

$$2020\text{年 JIF} = \frac{\text{被引用数（2018・2019年出版記事への2020年の引用）}}{\text{出版論文数（直前2年間2018・2019年）}}$$

▶コラム2

『引用索引』

引用索引は，索引システムの一つで，文献の引用文献が検索の手がかりとして用いられる索引である。引用文献は，通常論文の本文の後に，引用文献リスト，あるいはレファレンス（参照文献）として一覧にされる。この引用文献の書誌事項が索引化されるので，これを使えば，ある文献が出版後，どの文献に引用されたかがわかる。

主題索引法に比べて，文献の主題内容に関わらず，引用文献の書誌情報の抽出で成り立っているので，各分野の主題索引である Medline や SciFinder を補完することをガーフィールドは主張した。

分母の出版論文数は，原著論文（Article）あるいはレビュー論文（Review）として認識される論文数であり，クラリベイト社がジャーナルにおける学術的な記事と見なされるものを特定している。この分母となる出版論文のことをJCRでは“引用されやすい文献（Citable Items）”と定義付け，実質的に引用対象となりやすい記事として扱っている（2.5参照）。

２章，４章，７章で詳述するが，JIFの透明性を図るため，JCR2017年版からはこのJIFの算出式に用いられた分母と分子に使われた論文書誌情報が公開されるようになった。すなわち，１－３図のScience誌の場合，1,556報の掲載論文が各々，2020年に出版された記事に何回引用されているか，どんな論文に引用されているかが，一覧にまとめられている。同図の分子の被引用数は，74,265報の論文情報として分析することができるようになった。こうした追加情報は，DORAなどによる（７章参照），JIFの透明性を要求する動きに応えた形である。

分子の被引用数としてカウントされる対象は，2020年の出版物に引用された被引用数であるが，特に2018年2019年に出版された記事に対する被引用数であることに着目されたい。

この分子となる被引用数は，ジャーナル掲載記事全般にわたって引用された数である。分母の学術論文（原著論文，レビュー論文）が引用された数に加えて，巻頭言，エディトリアル，レター記事，ニュース記事等，学会内コミュニケーションのための記事が引用された数も含まれる。またそうした対象記事を引用

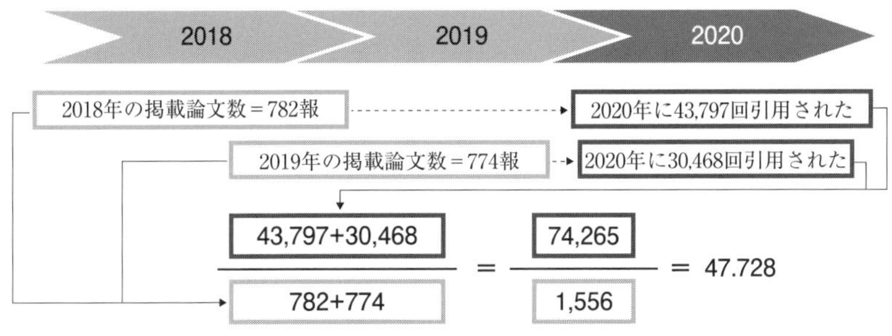

１－３図　Science誌の2020年のJIFの算出式

するジャーナルは，Web of Science の Core Collection と呼ばれる引用索引データベース全体となる。

Web of Science Core Collection の引用索引コンテンツの内容は以下の版が含まれる。

- 引用索引・自然科学版 Science Citation Index Expanded（SCIE）TM
- 引用索引・社会科学版 Social Sciences Citation Index（SSCI）TM
- 引用索引・人文学版 Arts & Humanities Citation Index（AHCI）TM
- 会議録引用索引 Conference Proceedings Citation Indexes（CPCI）
- 単行書引用索引 Book Citation Index（BKCI）TM
- エマージングソース引用索引 Emerging Sources Citation Index（ESCI）TM

1.4　なぜ直近2年間に着目したのか

JIF の算出式において，対象とした文献を，JCR 年度の1年前，2年前の2年間に限定したのは何故であろうか。

これは JIF が誕生する1960年代後半の文献検索において，学術雑誌の評価対象は，主としてライフサイエンス分野が占める割合が多かったことに起因する。すなわち，先述の医学文献の抄録誌である Index Medicus 誌など現在の Medline 文献検索の利用者である。

ライフサイエンス分野の研究者は，ガーフィールドの生み出した SCI に着目し，ジャーナルの目次頁速報誌であった Current Contents に関心を寄せた。特に分子生物学や生化学など，引用が頻繁に行われる分野では，引用のピークが，出版後2～3年に集中する。そのため，JIF の対象年は JCR 年度の前1・2年の2年間に設定された。現在の JCR では，直近の5年間を対象とした JIF も算出されている。分子生物学や生化学などライフサイエンス分野に限らず，化学，物理学，材料科学など，引用の盛んなジャーナルでは，出版後2～3年に引用のピークが来る事例もある。

1-4図は2019年の米国化学会の JACS 誌（Journal of the American Chemical Society）の被引用数分布図である。JACS 誌において何年に出版された JACS

論文が最も引用されたかがわかる。被引用数のピーク年は2017，2018年である。１－５図も同様に，出版して２～３年めの論文が最も多く引用されていることがわかる。

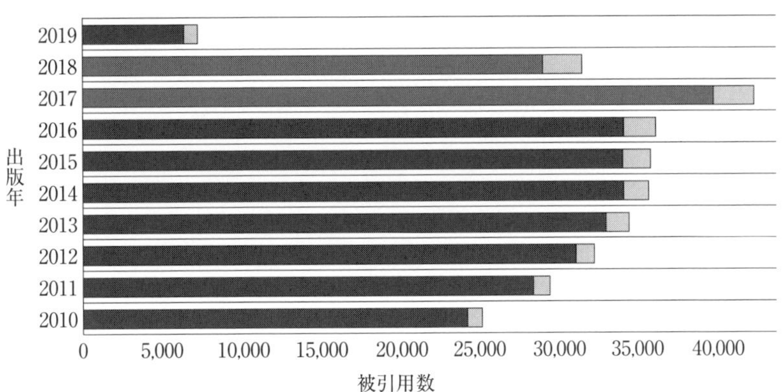

１－４図　米国化学会誌 JACS 誌の2019年引用の被引用分布図

（出典：JCR 2019年版，クラリベイト）

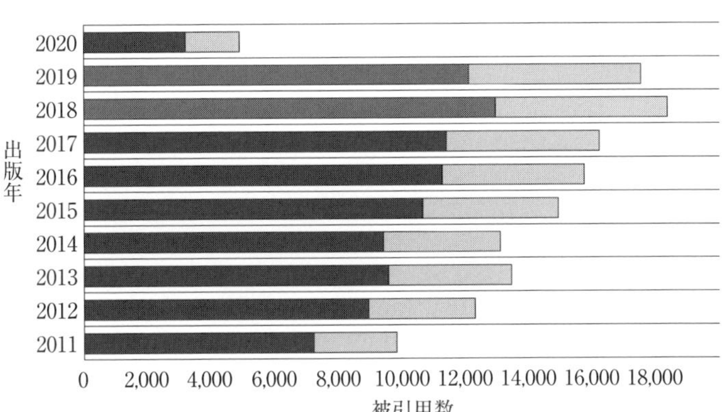

１－５図　ASTROPHYSICAL JOURNAL 誌の2020年引用の被引用分布図

（出典：JCR 2020年版，クラリベイト）

1.5 著名なジャーナルのジャーナル・インパクトファクター算出内訳

前項で，JIF の算出方法がわかったところで，JCR2020年版の収録誌の中で，最もよく引用されているジャーナル上位25誌について，それぞれの JIF の値（JIF 値とも呼ばれる）や，JIF 算出内訳を分母・分子において見比べたい。

1－2表は，学術誌の中で2020年に引用された数（総被引用数）が多いジャーナルの上位25誌を抽出し，JIF が高い順にリストされている。この方法で作成する JIF 上位ランクリストは，小規模のジャーナルで JIF の高いジャーナルが外れるので，各分野で研究者に馴染みのあるジャーナル名が並ぶ。2020年 JIF の算出に用いられた数値は，それぞれ分母に2018・2019年の論文数の和，分子に2018・2019年出版の論文の被引用数が対象となる。

上位に並ぶ医学分野の NEJM 誌，Lancet 誌，JAMA 誌，Chem Review 誌が，年間発行論文数は200～300，JIF が50～90で全掲載論文がそれぞれに被引用数を多く集めるジャーナルだ。続いて分野を越えての総合誌である Nature 誌，Science 誌が続く。Nature Communication 誌は2015年からオープンアクセス誌となり，総被引用数が毎年30～40％増加している。学際分野を扱うオープンアクセス・メガジャーナルである PLoS One 誌と Scientific Reports 誌は，2020年の年間発行論文数が，それぞれ16,067報，21,222報である。また，総被引用数も85万件以上，54万件以上の巨大な規模で成長を続けてきた。しかし PLoS One 誌は2013年をピークに年間発行論文数が減り，2017年に年間論文数，2013年に JIF で Scientific Reports 誌に抜かれた。オープンアクセス誌として採択が早く，論文の書き方に制約のないところから，オープンアクセス・メガジャーナルの先駆けであった PLoS One 誌，追随して2011年に創刊された Scientific Reports 誌の追い上げ，こうしたトップジャーナル間の熾烈な競争を注視していくこともジャーナル評価の一つである。

1−2表　2020年最多被引用ジャーナル上位25誌の JIF の内訳

ジャーナル名	2020 JIF	論文数（Article+Review）		2020年における被引用数	
		2020	2018+2019	2018・2019年論文の被引用数	総被引用数
NEW ENGLAND JOURNAL OF MEDICINE	91.253	331	90	8,500	464,376
LANCET	79.323	215	539	42,755	369,614
CHEMICAL REVIEWS	60.622	240	431	26,128	224,417
JAMA-JOURNAL OF THE AMERICAN MEDICAL ASSOCIATION	56.274	199	412	23,185	224,165
NATURE	49.962	1,076	1,807	90,281	915,939
SCIENCE	47.728	844	1,556	74,265	814,978
CELL	41.584	407	886	36,843	320,410
ADVANCED MATERIALS	30.849	1,642	2,808	86,625	320,972
BLOOD	23.629	503	904	21,361	200,028
NUCLEIC ACIDS RESEARCH	16.971	1,242	2,535	43,022	248,139
ACS Nano	15.881	1,542	2,670	42,401	195,525
Journal of the American Chemical Society	15.419	2,482	4,924	75,928	609,264
ANGEWANDTE CHEMIE-INTERNATIONAL EDITION	15.336	3,856	5,567	85,374	410,750
Nature Communications	14.919	5,997	10,531	157,111	453,215
Journal of Materials Chemistry A	12.732	2,313	5,182	65,976	193,793
PROCEEDINGS OF THE NATIONAL ACADEMY OF SCIENCES OF THE UNITED STATES OF AMERICA	11.205	3,633	6,620	74,177	799,068
ACS Applied Materials & Interfaces	9.229	5,927	10,072	92,959	274,703
PHYSICAL REVIEW LETTERS	9.161	2,743	5,425	49,697	490,021
ENVIRONMENTAL SCIENCE & TECHNOLOGY	9.028	1,589	2,985	26,950	217,954
SCIENCE OF THE TOTAL ENVIRONMENT	7.963	6,860	10,493	83,559	210,144
CHEMICAL COMMUNICATIONS	6.222	3,138	6,026	37,495	213,293
ASTROPHYSICAL JOURNAL	5.877	3,033	6,128	36,016	275,747
PHYSICAL REVIEW D	5.296	3,840	7,211	38,191	204,090
MONTHLY NOTICES OF THE ROYAL ASTRONOMICAL SOCIETY	5.287	3,948	7,851	41,512	191,209
JOURNAL OF BIOLOGICAL CHEMISTRY	5.157	1,385	3,145	16,218	397,474
Scientific Reports	4.380	21,222	37,038	162,208	541,619
PHYSICAL REVIEW B	4.036	4,982	10,127	40,875	406,465
APPLIED PHYSICS LETTERS	3.791	2,079	4,184	15,860	218,334
JOURNAL OF CHEMICAL PHYSICS	3.488	2,008	4,124	14,383	231,490
PLoS One	3.240	16,067	33,183	107,508	857,751

出典：JCR 2020年版，クラリベイト

1.6 ジャーナル・インパクトファクターの強みとその限界

JIFは，しばしば個々の論文や個人の研究者の評価に誤用されてきた。JIFの利用を，悪用，誤用として警鐘を鳴らす文献は数余りある。考案者のガーフィールドも「そのような使い方は決して意図してきたものではない」と何度も明言している。

本項では，2009年にデービッド・ペンドルベリー（David Pendlebury）が行ったJIFの性質と利用のレビュー[7]を参考に，JIFの強みとその限界についてまとめたい。

JIFの強みとは，第一にその算出式は極めてシンプルでわかりやすいこと，ジャーナルの出版歴の長さや論文発行数の規模，出版の頻度に左右されないことが挙げられる。次に，JIFによって得られるものは，特定の精査された条件範囲を決めた上で使えば，国際的に影響のあるジャーナルを見極めて，グローバルな見地が得られる。

加えてJIFによれば，最近の1年間に出版された被引用の影響度がわかり，直近のジャーナルのパフォーマンスについて，同分野のジャーナルとの比較を行うなど，ジャーナルの動向分析による洞察を得ることができる。また，個々の論文への引用をカウントするのではなく，ジャーナル誌名に対する引用としてカウントするので，引用の際に起こる引用の変種，表記ゆれも漏れなくカウントする。被引用著者の表記漏れや，巻数，号数，ページ数の間違いがある引用表記もジャーナルレベルでカウントしている（前項参照）。

さらに，JIFの付与は出版者中立を堅持している。クラリベイト社はジャーナルの一次出版社ではなく，ジャーナルを選択して引用データベースを作成する立場として中立性を保ち，8,300以上の出版社・学会の学術誌を採録している。

最後に，JIFを付与する際のジャーナル選択基準が一貫して変わっていない

7：Pendlebury, David A. The use and misuse of journal metrics and other citation indicators. Archivum Immunologiae et Therapiae Experimentalis. 2009, vol.57, p.1-11, https://doi.org/10.1007/s00005-009-0008-y, (accessed 2022-08-04).

ことである。JIF は，長年にわたって同じ方法で生成されているので，経時的変化を比較検討できる。総じて，JIF のランキングは，一般的に妥当な結果を見せているとされている。JIF は世界で広く利用されており，半世紀近く利用されてきた歴史において，利用者に受け入れられているという利点がある。

JIF の批判として多く見受けられることは，JIF が単純すぎる指標で，ジャーナルの影響力を多次元現象として捉えるには十分でないとするものだ。JIF の算出式である分母の定義に混乱と懸念があり，分子において，一部のジャーナルに実際には分母にカウントしていない記事への引用が含まれているので，被引用平均率としては，フェアでないと主張されている。JIF は，偏重分布の平均比率であり，これは，80/20ルールのように，ごく一部の論文が影響の大部分（この場合は引用）を占めていることを意味し，中央値の誤解を招きやすい。レビュー誌（総説誌）は，JIF が高いことが多いため，非レビュー誌より優位性があるかのように見え，分野間で JIF 値はかなり差があるので，分野を超えての比較は難しく，無意味である。

また JIF 算出対象の２年間の引用期間が短すぎて，数学などの一部の分野にとって不公平で，２年間に引用のピークが来ない分野が損をしている。加えて，JCR の分野の定義があいまいである。

こうした批判があるからこそ，JIF の弱点を克服し，代替案や正規化した指標を開発する動きは盛んである。特にビブリオメトリクス研究において，JIF が世に出て以来40年間以上にわたり，多くの研究発表がなされてきた。中でも JIF の代替として利用されつつあるものを６章にて述べる。

また，JIF の四分位（Quartile）や百分位（パーセンタイル）は，分野ごとに設定できるので，JIF の数値をそのまま使うよりも，正規化されたものとして用いやすいものとされている。

ただ，どんな代替指標であったとしても，定量的分析はピアレビュー[8]を超えるものではなく，ピアレビューを補完するものであり，補助的に使われるこ

8：同じ分野の専門家による評価や検証のこと。同じ研究分野の研究者（peer）が評価（review）を行うので，ピアレビューといわれる。通常，学術論文の査読を指してピアレビューといい，学術雑誌に投稿された論文を，同じ分野の研究者が評価する制度である。

とが望ましい。ピアレビューと定量的分析がそろってこそ，研究評価のベストな結果を導くものといわれている。

1.7 ジャーナル・インパクトファクターの用途

ここまで見てきたとおり，JIF の算出方法は，学術誌の一論文あたりの平均被引用率を求めるもので，簡単かつ実用的であったからこそ普及した。しかし一方で，JIF をどう活用すると有用であるか情報が不十分で，正しいイメージで伝わっていないことも現実である。本節では，JIF の用途を類型化して，身近な利用と研究での利用を考察する。

1.7.1 ジャーナルの今を知る

まず，研究者や図書館員が実用的に JIF を用いて学術誌を評価する機会とはどんな時であるか。一般的には，研究者にとっては研究主題によって投稿誌を評価し選択の判断の一助として，あるいは図書館員にとっては利用者のために，学術誌コレクションを評価する判断の一助としての活用がある。

学術情報流通の変化のスピードが増している中，学術誌の今を知ることが JIF の最も実用的な活用法である。身近な利用の可能性を挙げてみよう。

①ジャーナルの最近の動向を知る。学術分野でのジャーナルがどんどん進化している中で，今をつかむ道具として使う。既知の分野であっても新規に創出されるジャーナルの動向を把握する。JIF の最近 5 年間の動向，

▶コラム3

定量的分析，定性的分析

一般に，調査を行って評価するときに，統計調査や業務統計などによる分析・評価を定量的分析，定量的評価とする。定性的分析，定性的評価は，実態調査や業務報告などによる分析・評価などがそれにあたる。本書では，引用データ，JIF は，定量的分析に用いられることがあるが，専門家などによる定性的な評価も取り入れて，合わせて使うことが望ましいとしている。

分野の中での位置などが参考になる。

②既知の分野ではない，自分にとって新しい分野のジャーナル状況を知ることに役立つ。当該分野でのジャーナルの影響力がわかる。

③融合領域の研究に相応しいジャーナルを知る。融合分野の研究が盛んな現在，融合研究の相手を知ることに役立てる。

④論文の投稿先のジャーナル，ジャーナル候補を知る。研究主題によっては，当該主題がよく取り上げられているジャーナルを知り，投稿先を調査，検討する。

⑤図書館の対象となる研究者利用状況とグローバルな研究コミュニティの利用とを対比させる。新刊ジャーナルへの日本人研究者の投稿割合などを調査する。

毎年新刊ジャーナルが刊行され，ジャーナルのオープンアクセス化が進む中，ハゲタカジャーナル（predatory journal）と呼ばれる粗悪学術誌が横行している。オープンアクセスのビジネスモデルを悪用して，著者から高額の論文投稿料を得ながらも適切な査読は行わない低品質なジャーナルである。見せかけのインパクトファクターもどきを謳うジャーナルもある。良質な，信頼できるジャーナルを見極める力は現代にこそ必須である。

1.7.2 研究論文の中のジャーナル・インパクトファクター

次に，学術誌の中の記事に使われている JIF の用途を考察する。

実際の研究の中で，JIF がどのように用いられているかを調査した。対象の文献情報は，Web of Science の JIF が付与されているジャーナル群，自然科学版（SCIE）と社会科学版（SSCI）において，2021年に出版された文献を抽出する。検索式は“impact factor *”と journal，article，evaluation のいずれかを文献タイトルもしくは著者抄録，著者キーワードに含むことを条件とした。impact factor なる用語は，他の分野や領域の研究でも別の意味で使用されるので，関連しない文献は目検で省いた結果，有効な調査対象文献数は457件抽出された。

得られた抽出結果について，文献タイトルと著者抄録を確認しながら，それそれの文献にJIFの用途として5つの分類を付与した。それぞれの用途の目的は次のとおりである。

A：分析直接利用……JIFを特定の主題分析のために分析要素として用いるか，あるいはJIFとの相関性，JIFと他の分析要素との比較相関などに用いる。

B：抽出基準……特定の主題分析において，分析対象となる論文を抽出する基準としてJIFを利用する。

C：JIF発表等……Editorial（論説記事）などで，新しく発表されたJIFの告知をする，改善値について報告するなど学会員への呼びかけを目的とする記事としてJIF記述がある。

D：誤用注意喚起……JIFの誤用を注意喚起する，あるいは，JIFの否定，疑問視などを訴える記事。

E：補正・補完・代替提案……JIFの補正，補完利用を推進，代替指標の開発・推奨など。

この用途分析のAで，分析に直接利用されたものの中から，具体的に2021年にJIFを使って行われた研究事例で，すでに2022年4月の時点で引用され始めている論文を数件，ここに例として挙げる。

- 2009〜2019年の作物栽培学Agronomyにおける734の論文分析。JIFの高い研究領域，国・地域，研究機関を特定して，研究テーマとジャーナ

1-3表　JIFの用途分析

用途	2021年
A　分析直接利用	320
B　抽出基準	61
C　JIF発表等	21
D　誤用注意喚起	25
E　補正・補完・代替提案	30

出典：Web of Science，2021年3月，クラリベイト

ルの関係を分析した（Agronomy Journal. 2021, vol.113, no.2, p.2184-2194.）。

- 2019〜2021年にインターン301人の形成外科関連の論文の分析。論文数，h 指数，JIF 等と形成外科プログラムとの相関性分析を行った（Journal of Surgical Education. 2021, vol.78, no.1, p.282-291.）。
- 米国泌尿器科会議（AUA）で発表されたデータに対するソーシャルメデ

1-4表　JIF 利用の研究論文が多い分野2021年

1	外科学	57
2	図書館情報学	56
3	医学全般—内科学	33
4	コンピューターサイエンス学際的応用	29
5	臨床神経学	24
6	整形外科学	22
7	歯科口腔外科学	20
8	ヘルスケアサイエンスサービス学	19
9	学際的分野	18
10	公共環境労働衛生学	16
11	放射線学　核医学 医用画像学	16
12	環境科学	14
13	眼科学	14
14	腫瘍学	13
15	コンピュータサイエンス情報システム学	11
16	心臓血管外科学	10
17	小児科学	10
18	医学研究実験	9
19	救命救急医学	8
20	教育科学	8

出典：Web of Science，2021年３月，クラリベイト

ィアの関与は，発表後のその後の出版およびJIFと相関があるかを調査した（European Urology Focus. 2021, vol.7, no.1, p.214-220.）。

- 腫瘍学の臨床研究論文694編に対し，システマティックレビューを行い，オルトメトリクス指標とPlumX指標，被引用数とJIFで比較分析を行った（Journal of Medical Internet Research. 2021, vol.23, no.1, e21408.）。
- 股関節骨折研究に関する論文7,684について世界全体の知識構造，開発動向および研究ホットスポットを分析した。JIF等の定量的指標と，著者，共著者，引用文献，キーワードなどをVOSビューアなどで視覚的にネットワーク分析，及び共起分析を行った（Archives of Osteoporosis. 2021, vol.16, no.1.）。
- ホスピタリティと観光マネジメントの研究論文において，研究の貢献とインパクトについて書誌学的な分析を行う。JHTM誌の編集委員会が学会委員会と組んで，今後の研究戦略に役立ててもらうことを意図しての調査を行った（Journal of Hospitality and Tourism management, 2021, vol.47, p.273-288.）。

こうした事例からもわかるように，さまざまな分野の研究において，JIFは書誌分析の一環として，領域の主題を捉えて分析に用いられている。本調査の457件の論文が掲載されたジャーナルを分野別にし，論文数の多い順にみると，2021年は外科分野がトップにあり，医学・ライフサイエンス関連が多いことがわかる。

1.8 ジャーナル・インパクトファクターの呼称

JIFの創始者ユージン・ガーフィールドは，引用分析において数多くの研究論文やエッセイを残している[9]。JIFの創刊当時から正式名は「Journal impact factor」であったが，商標登録もしなかったので[10]，呼称としては，その後im-

9：Eugene Garfield, Ph.D. 2016. http://www.garfield.library.upenn.edu/,（accessed 2022-08-04）.

10：現在はクラリベイト社によって，Journal Impact FactorでTM商標登録している。

pact factor と記述されることが多くなった。ガーフィールド自身も impact factor と称することが多かった。用語としては，別な分野でも同音多義として使われている。

長年，JIF が本来の学術誌評価の指標ではなく，個人の業績や研究機関の業績評価に直接的に用いられることに警鐘を鳴らす動きは大きくなった。7章で後述するように，ライデン声明以来，クラリベイト社は，Journal impact factor を正式呼称，JIF を正式略称として統一し，できるかぎり語頭にある「ジャーナル」を外さないようにしている。これにより，JIF が本来ジャーナルの評価をするために作られていることを喚起している。その意図がしっかり伝えられつつあることを見守りたい。本書においても，ジャーナル・インパクトファクターもしくは JIF で統一して記述する。

1章では JIF の立ち位置，算出方法，JCR によって発表され，調査ができることを解説し，基本的な有用性，各分野の調査研究に使われていることを考察した。次に2章では，JIF が付与されるジャーナルはどのような基準で選ばれるか，JIF の算出式の分母，分子について，さらに掘り下げる。

2章

ジャーナルの厳選基準と独自のキュレーションプロセス

ジャーナル・インパクトファクター（JIF）は，厳選されたジャーナルに付与される。その選択基準と，選択を遵守する仕組みには，独自のキュレーションプロセスがある（コラム4参照）。選択されたジャーナルの論文情報は Web of Science Core Collection（Web of Science）に収録される。

本章では，最初に，Web of Science が拠り所とする情報理論について考察する。その上で，コンテンツの構成，ジャーナルの選択基準，キュレーションプロセスを概観する。1章で先述の，引用索引と JIF を創刊したときから現代まで，半世紀以上にわたり，この選択基準は厳格に引き継がれてきた。

JIF や引用索引を作成する過程のキュレーションには，すみずみに編集のこだわりが存在する。学術文献における引用の意義，どういうときに文献引用が起こり，フルテキストのどこで引用されているのか。本章の後半では，Web of Science の編集のこだわりを考察する。ここでは「引用の動機，どういうときに人は引用するのか」「JIF 算出式に定義した分母・分子の定義のこだわり」，そして引用索引だからこそわかる「書誌情報の誤った引用文献の扱い」，この3つについて言及する。

2.1　ジャーナルをどこまで収集すれば網羅的か

引用索引 Science Citation Index（SCI）を創刊以来，ガーフィールドは学術誌をどの範囲まで集めるべきか，研究を重ねた。一つの文献が50件の文献を引用している場合，その50件の文献のフルテキストにリンクができるか。何誌収集すれば引用文献の網羅性を高められるか。

ガーフィールドは，情報理論の一つである「ブラッドフォードの分散法則」[1]をヒントにその答えを得た。そして，ガーフィールド自らがジャーナルの集中則を見出した[2]。ガーフィールドが行き着いた理論は，学術誌の引用によるネットワークを網羅的に収集するには，各分野のコアジャーナルを集めるだけで，学術界全体の引用の大半をカバーできるという理論であった。

2－1図は，1994年版のSCIに収録されたジャーナル3,400誌に基づいている。SCIの収録誌が，引用文献のどこまでをカバーしているかを調査したものだ[3]。横軸にジャーナル数，縦軸に占有率を表す。図の下側の線は，SCIの収録誌（Source Journal），上側の線は，このSCIの収録誌の論文に引用されたジャーナル（Cited Journal）である。注目すべきは，下線によれば，わずか100誌のジャ

▶コラム4

キュレーション

キュレーションとは，広く情報を集め，評価・選択し，加工・処理をし，有用なデータとして提供する一連の流れを高い専門性を持って持続的に行うことを指す。対象のデータが生まれ活用されていくところのライフサイクルや，エンドのデータ利用者の業務フローを想定した上で，データに新たな付加価値をつけ提供できるようにすることまでを含む。データの価値を高度な専門性を持って判断でき，AI技術を駆使して，データ収集および整理・分類・加工・付加価値付けなど，主体的にデータの利用価値を挙げていくプロセスを含んでいる。

1：Bradford, S.C. Sources of information on specific subjects. Engineering an Illustrated Weekly Journal, 1934, vol.137, p.85-86.

2：Garfield, E. Is the ratio between number of citations and publications cited a true constant?. Current Contents. 1976, no.6, p.5-7, http://garfield.library.upenn.edu/essays/v2p419y1974-76.pdf, (accessed 2022-08-04).
Garfield, E. Bradfords Law and Related Statistical Patterns. Current Contents. 1980, no.19, p.5-12.

3：Garfield, E. A Statistically Valid Definition of Bias is Needed to Determine Whether the Science Citation Index Discriminates Against Third World Journals. Current Science. 1997, vol.73, no.8, http://www.garfield.library.upenn.edu/papers/currscience.html#tref1, (accessed 2022-08-04).

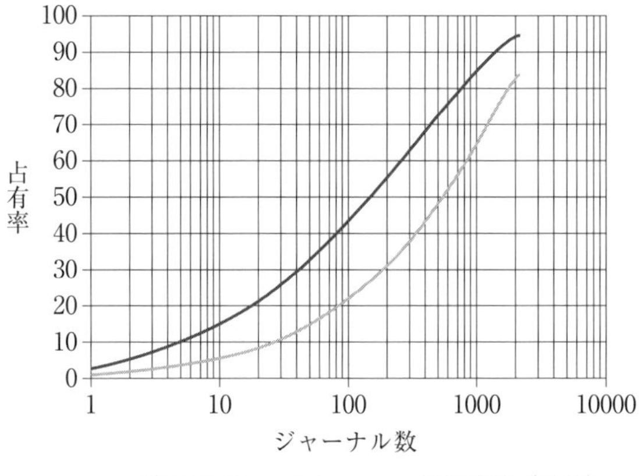

2-1図 SCI1994年版の収録誌数と被引用ジャーナルの収録率

ーナルで，SCI 論文の22%を占め，上線は100誌のジャーナルが引用された論文の44%を占めていることを示している。

200誌のジャーナルで，SCI 論文の30%を占め，被引用全体の55%を占めている。収録誌500誌となると，論文全体の約半分，被引用の70%以上を占める。

論文引用がコアジャーナルに集中することは注目に値する。さらに500誌を重ねても，引用のわずか10%増えるだけである。残りの15%は何千ものジャーナルに散らばっている。

ブラッドフォードの法則は，特定の主題に関する論文の多くが少数の核となる主要ジャーナルに集中する傾向があり，その主題の論文をごく少数しか掲載しないジャーナルが多数存在するという経験則を描いた。ガーフィールドはこれを全体のジャーナルに当てはめ，コアジャーナル以外の周辺分野のジャーナルは，他の分野のコアジャーナルであるケースが多いことを見い出した。2-1図は1994年当時6,000誌ほど収集すれば，自然科学分野の論文引用をおよそカバーすることができることを示している。

こうして質の高いジャーナルを収集し，レファレンス情報を採録し，引用索引のコンテンツが構成された。

次に，コンテンツの構成と，ジャーナルの収載基準について考察する。

2.2　引用索引のコンテンツ構成

JIF が付与されている学術誌は，Web of Science の中の２つの版の収録誌で，自然科学版「Science Citation Index Expanded（SCIE）™」，社会科学版「Social Science Citation Index（SSCI）™」である。そして JIF の付与されていない，人文科学版「Arts & Humanities Citation Index（AHCI）™」を合わせて，Web of Science は全分野の学術誌をカバーする。

注目すべきは，2015年より，Web of Science のコンテンツに，新しく JIF の付与されない Emerging Source Citation Index™（ESCI）が発刊されたことである。これにより，ジャーナル選択のプロセスに変更があった。

ESCI は，教育学や臨床医学など，JIF が付くほどには引用が盛んでないが，国際誌として研究コミュニティで重要視されるジャーナルを収載する。ESCI は254分野で，SCIE，SSCI，AHCI の分野を総括してカバーする。

厳選したコアジャーナルだけで，引用索引を維持してきた Web of Science であったが，ESCI により7,600誌以上の JIF の付与されない学術誌を内包した背景には，利用者の強い要望があった。大学や研究機関により研究業績の外部公開が進むにつれ，すべての出版物，すなわち引用慣習が盛んでない分野の学術文献も，Web of Science に収録すべきとの期待が大きく高まったからである。学術誌には，引用のインパクトがそれほど重要ではない分野，引用は少ないものの，国際誌として存在感のある学術誌がある。また，地域特有の研究領域ジャーナルなども収録すべきとされ，Web of Science は収録範囲を広げた。これにより，Web of Science のキュレーションプロセスには，国際誌としてのクオリティ基準，さらにインパクト基準と段階が設けられた。

ジャーナル選考のプロセスにおける基本原則は，客観性，選択性，かつ時代に応じた変動性にある。ジャーナル評価基準は28基準あり，24項目の「クオリティの基準」と４項目の「インパクトの基準」という２つの枠組みである。クオリティの基準をクリアしたジャーナルは，ESCI に収録され，28基準を満た

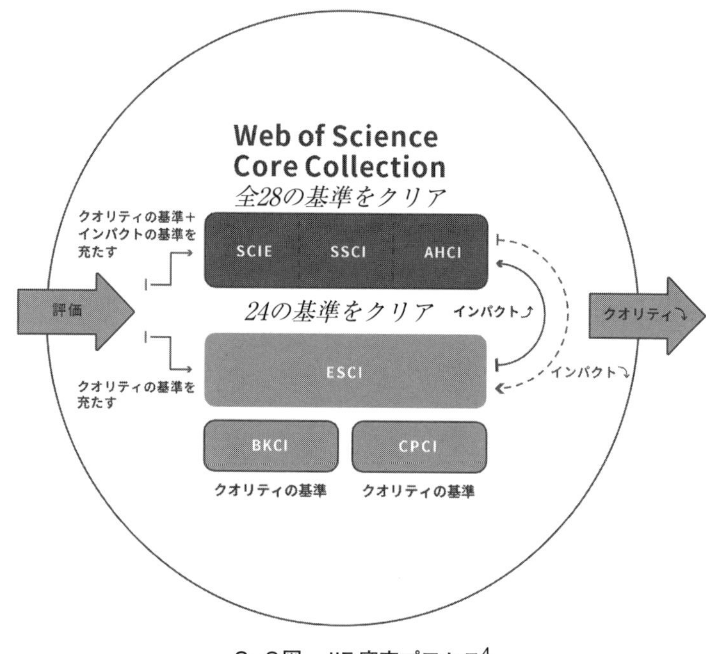

2-2図 JIF審査プロセス[4]

すジャーナルは，SCIE，SSCI，AHCIに収録される。2-1表には，それぞれの引用索引コンテンツの内訳を記した。引用によるコミュニテーションが盛んな学術誌は，自然科学分野のSCIEに集中している。

ESCIコンテンツの特徴は，母国語が英語でない欧州，中南米，アジア，中東などの小規模な学会誌を多く収録し，出版者数は3,200以上と多岐にわたり，全体の35％以上，2,700誌以上がオープンアクセスジャーナルである。

2-2表は，Web of Scienceの学術誌全体の発行国別のジャーナル数をまとめたものである。ここで引用索引の主要コンテンツSCIE, SSCI, AHCIは，英語が母国語である国で発行されるジャーナルが主体であることが確認でき，ESCIにより，新興国および欧州やアジアの非英語圏の小規模学術誌が新たに

4：クラリベイト．Web of Science Core Collection ジャーナル選定プロセス：より速く，よりクリアに．2019，p.3.

2-1表 Web of Scienceのコンテンツ内容内訳 2022年7月現在[5]

	SCIE	SSCI	AHCI	ESCI
ジャーナル数	9,200誌以上	3,400誌以上	1,800誌以上	7,600誌以上
収録年	1900年〜	1900年〜	1975年〜	2005年〜
文献レコード数	5,300万件以上	900万件以上	490万件以上	300万件以上
引用文献数	11億8,000万件	1億2,000万件以上	3,300万件以上	7,440万件以上
分野数	178	58	28	254

カバーされたことがわかる。世界を牽引する優れた研究は英語で発表されると見なされてきたが，ライデン声明（7章で後述）では，国・地域についての研究が多い人文・社会科学において，バイアスがかからないよう，高品質の非英語文献を尊重することが推奨される。ESCIにより地域的研究を扱うジャーナルの引用データが収集され始めたことは，JIFの算出を可能とし，JCR2022年版以降のJIF付与の対象がESCIジャーナルにも拡張される。

なお，2-2表のジャーナル発行国は，ジャーナルの主体となる学会の属する国が出版者として登録されている場合がほとんどであるが，学会の属する国ではなく敢えて制作に携わる大手出版社の海外所在地を好んで登録している場合があることを留意されたい。

次節で，引用索引コンテンツの収録を査定するジャーナル選択の28基準を概観する。

5：Web of Science Core Collection. クラリベイト. https://clarivate.com/ja/solutions/web-of-science/,（参照 2022-08-04）.

2-2表 発行国別 Web of Science ジャーナル数上位20

国名	WoS Core Collection	SCIE+SSCI	AHCI	ESCI
USA	5,930	4243	416	1271
ENGLAND	4,511	3039	286	1186
NETHERLANDS	1,329	979	64	286
GERMANY (FED REP GER)	1,148	779	99	270
SPAIN	719	125	48	546
SWITZERLAND	541	342	11	188
ITALY	421	125	48	248
BRAZIL	410	122	14	274
CHINA MAINLAND	403	283	4	116
RUSSIA	390	151	10	229
FRANCE	367	190	58	119
JAPAN	350	254	3	93
POLAND	348	145	8	195
INDIA	333	98	5	230
CANADA	319	124	37	158
AUSTRALIA	309	157	13	139
SOUTH KOREA	284	144	7	133
TURKEY	241	57	6	178
COLOMBIA	176	18	2	156
SOUTH AFRICA	158	51	12	95

出典：JCR2021年版，クラリベイト

2.3 ジャーナルの評価：Web of Scienceのジャーナル選択基準

ジャーナル選択の28基準は，SCIE，SSCI，AHCIの主要コンテンツのジャーナルを特定していく過程で重視されてきた。この選択基準はSCIE，SSCI，AHCIそれぞれの創刊当時から変わっていない。ただ，ここまで詳細に基準内容が明示されるようになったことはJIFの透明性が求められているからこそである。一貫した収録基準で，独自に作られたキュレーションのプロセスを概観する[6]。

出版者中立の立場で，8,000以上の出版者・学協会とは一切利益相反のないところで，各分野の専門性を備えた社内編集者らがキュレーションプロセスを管理運営する。ガーフィールドの残したレガシーとして，客観性，選択性にこだわり，半世紀以上にわたり，査定基準を維持してきた。それと同時に，常に変化を続ける学術誌のダイナミクスへの対応力も培ってきた。そうした基準を保つための厳格性は，JIFの存在であり，Web of Scienceの大きな拠り所となっている。

JIFはJCR1975年版からJCR2021年版まで，「クオリティの基準」と「インパクトの基準」の28基準を満たすSCIE，SSCIのコンテンツに付与されてきた。JCR2022年版（2023年リリース）より，新しい方針としてAHCIとESCIのコンテンツにも付与されるので，実質的に，24項目の「クオリティの基準」をクリアしたものに付与されることとなった。この変更の背景については，後述7章を参照されたい。

6："Web of Science Journal Evaluation Process and Selection Criteria". Clarivate. https://clarivate.com/products/scientific-and-academic-research/research-discovery-and-workflow-solutions/web-of-science/core-collection/editorial-selection-process/editorial-selection-process/,（accessed 2022-08-04）.

2.3.1　クオリティの基準／インパクトの基準

クオリティの基準では①ジャーナルとしての基本事項，②編集内容，③編集体制について，の三つの柱で，24項目について，インパクトの基準では4項目について査定される。

(1) ジャーナルとしての基本情報の装備

第一ステージでは，出版者から提供された情報を基に，査定対象のジャーナルについて，以下の情報を確認する。

- ISSNの登録
- ジャーナルタイトル
- 出版者情報
- URL（オンラインジャーナル等）
- コンテンツへのアクセス方法
- 査読ポリシー
- 連絡先情報

ここまでの情報がそろうと，第二ステージの編集内容について調査する。

(2) 編集内容について

この段階の査定は，Web of Scienceの編集者が査定対象のジャーナルをレビューして，次のような項目について判断を下す。

- 十分に学究的内容か
- 英語のタイトルや抄録の要件を満たすか
- アルファベットの書誌情報（レファレンス情報も含めて）
- 言語の明晰性
- 出版頻度やボリューム
- Webサイトの機能性／ジャーナルフォーマット
- 出版倫理
- 編集者の詳細情報
- 著者の所属詳細情報が正しく識別できるように記載されているか

ここまでの第一ステージ，第二ステージの査定は，基本事項や編集内容が満たされず査定通過しなかった場合，課題が解決されれば，ジャーナルの編集者による再度の査定申請が可能で，エンバーゴの期間はない。

（3）編集体制について

この段階の査定は，Web of Science の編集者がジャーナル編集のクオリティについて評価する。

- 編集委員会の構成
- ポリシーの妥当性
- 査読
- 内容の関連性
- 科研費，補助金詳細情報
- 学術コミュニティの基準順守
- 著者分布
- 適切な引用

３つめの「編集体制」は重要な査定項目で，ここを査定通過した場合は，ESCI に収載が決定する。条件が満たされなかった場合は，再度の査定申請には少なくとも２年のエンバーゴが設定されている。

（4）インパクトの基準

ESCI に収載決定したジャーナルは，さらに４つめの基準，インパクト項目について査定される。

- ジャーナル全体の被引用状況の調査
- ジャーナルの著者の被引用状況の調査
- ジャーナルの編集委員会委員らの被引用状況の調査
- ジャーナル掲載論文の内容の重要性

この段階の査定は，影響力の主要な指標として詳細な引用分析を行う。特定の研究分野で最も影響力のあるジャーナルを選択するように設計されている引用分析は，ジャーナルレベル→著者レベル→編集委員会レベルで調査が行われる。

ジャーナルのコンテンツは，想定読者および Web of Science 利用者にとっ

2-3図　Web of Scienceのジャーナルの評価プロセスと選定基準[7]

て有用で，重要で，価値があることが求められる。コンテンツの重要性は，独自の専門性があるか，新しい視点があるかなど，Web of Scienceの収録範囲をさらに充実させるに足るコンテンツであるかが問われる。

このステージを通過しなかったジャーナルには，少なくとも2年のエンバーゴ期間が設けられている。

また，社会科学系，人文科学系のジャーナルを審査するときには，自然科学系とは性質が異なることを十分に考慮する。この4つの「インパクトの基準」

7：前掲注4のp.4参照。

を満たすものは，SCIE，SSCI，AHCI に収録される。

2.4 引用されることで「インパクトがある」と見なせるか

前節で，「インパクトの基準」ではさまざまな引用分析が行われることがわかった。本節では，JIF の算出にも重要な要素である“引用”について，その役割，もしくは，どういった理由で引用するのかを考察する。

2.4.1 引用の動機：どういうときに引用するか

学術論文において，通常，最後の部分に，「引用文献」「参照文献」あるいは「レファレンス」として引用した文献をリスト化して明記する。レファレンスは論文の中で重要な役割を果たしている。レファレンスは論文の重要な一部であり，著者が先行の研究を詳細に説明することなく，「レファレンスする」「参照する」ことで議論を構築できるものである。また，他の研究者の先行研究に関連する研究を指し示すことで，論文を読む側の内容理解を助けるものでもある。

JIF は「引用されること」に「インパクトがある」という前提で引用を見ている。ただしインパクト（影響力）とクオリティ（質）は別物である。引用は論文やジャーナルの質を測るものではない。あくまで，「引用されること」に，インパクト，影響力，注目度がある，ということに着目すべきである。

また，引用の目的には非常に多様な側面があり，引用は肯定的なものばかりではない。2つの学識が論議されている論文群もある。どういうときに論文引用をするのか，その動機について考えてみよう。ガーフィールドは，次の15の理由を挙げている[8,9]。

8：Garfield, Eugene. When to Cite. Library Quarterly. 1996, vol.66, no.4, p.449-458.

9：Garfield, Eugene. “Can Citation Indexing be Automated?”. Stevens, Mary Elizabeth. et. al. eds., Statistical Association Methods for Mechanized Documentation: Symposium Proceedings Washington 1964. National Bureau of Standards Miscellaneous Publication 269, 1965, p.189-192.

①先行研究者へ献辞を表す
②関連業績への敬意を表す
③方法論や装置などを明らかにする
④背景となる文献を提示する
⑤著者自身の既存研究を修正する
⑥他の研究者の既存研究を修正する
⑦先行研究を批判する
⑧主張の裏付けを取る
⑨研究者に今後の研究への注意喚起をする
⑩十分に普及していない，索引化されていない，または引用されていない研究への手がかりを提供する
⑪物理定数などの普遍性を示すデータや，分類の典拠を明らかにする
⑫論じる概念や考えの出典を明記する
⑬もともとの概念や用語が著わされた出典の明記
⑭他の研究者の業績や考えを否定する
⑮他の研究者の優先権主張に異議を唱える

こうした引用行動に対し，人間の行動であるがゆえに起こる問題点も明らかにされている[10,11]。引用文献リストの信頼性，正確性を考える意味でも留意したい。

①引用されることが利用されていることを必ずしも反映しないケースがある。教科書やハンドブックのような出版物は，利用されても引用されることは少ない。一般科学雑誌の解説記事も，読まれる割には引用されない。
②簡単に入手できる文献を使用し，それを引用する傾向がある。

10：ジル・ランバート．電子時代の学術雑誌．日本図書館協会情報管理委員会訳．日本図書館協会，1989，201p.
11：山崎茂明．インパクトファクターを解き明かす．情報科学技術協会，2004，52p.，(INFOSTA ブックレットシリーズ).

③引用索引の収載誌の多いアメリカに有利になり，ヨーロッパや日本は不利になる。
④自分の所属する機関や組織からの文献を優先する傾向がある。
⑤引用が多いことは，流行を反映するが，必ずしも重要性を反映するものではない。
⑥方法論に関する論文は引用されやすい。
⑦良い意味の引用と，悪い意味の引用を区別できない。
⑧文献の引用は，論文をかざりたてるためになされることがある。

上記の②のように，簡単に入手できる文献を引用する傾向があるかどうか。論文やジャーナルがオープンアクセス化されていることが，引用を促し，JIFにも影響を及ぼしているかどうか。Journal Citation Reports（JCR）では，ジャーナルごとに，オープンアクセスと引用の関連性を確認できる（4.2.6参照）。

上記⑦のように，引用の内容にまで踏み込んだ分析は，AI技術を用いた索引が可能となったことにより，Web of Science上で，継承・賛同の引用か，反駁・否定の引用かが確認できるようになった（2.4.2参照）。

通常，学術誌には，投稿者のための執筆要綱「Instruction to Authors」として，論文を投稿する際のガイドラインが示される。引用文献の表記，レファレンスの書き方は指示されているが，引用のタイミングについては，明確に指針は示されていない。引用のタイミングについては，絶対的なものは存在しないので，ある分野では，引用することが当たり前とされる引用慣習も，他の分野では，引用の範囲ではないと判断されることもある。

引用慣習の文化は分野ごとに異なるが，学術界の一般的な引用の慣習としては，著者が先行の研究論文に対し，献辞を表すこと，これは倫理的な学問的行動の基本であるとされている。

2.4.2 フルテキストのどの部分で引用されたか

Web of Scienceでは，“強化された引用文献（Enriched Cited Reference）”という機能により，引用文献がフルテキストのどの部分で引用されたか，その引用の目的・引用の役割が何であるかを表すようになった。2020年夏以降に発行された論文について適用されているが，キュレーションされるときの条件がある。出版者から提供されるジャーナルコンテンツが，XML形式であること，加えてXMLにドキュメントタイプの情報が含まれて，クラリベイト社の品質基準に適合することである。

“強化された引用文献”という機能は，論文内のどの部分で引用されたか，その引用の目的がわかることで画期的である。論文の冒頭部分のレファレンスであるか，方法論を述べる箇所での引用か，結論やディスカッション部分の引用であるか，引用された理由を探ることができる。また，視覚化された図によって，論文のテキスト内で引用されるごとにドットが示される。このドット数の分布により，どの部分で多く引用したか，そのドットをクリックすることで，テキスト内で述べられている引用を見ることができ，近くで引用された他の引用文献を確認すると，関連性が近いことが示唆される。

これまでの引用文献リストは，著者名順，ジャーナル名順に表示するのみであったが，論文内の出現箇所が明示されるので，読むべきレファレンスであるかどうかの判断材料となる。こうした機能拡張は，キュレーションにおけるAI技術発展の賜物である。

2-4～2-6図は，強化された引用文献機能の事例である。Japanese Psychological Research誌の2022年6月早期公開論文である。この論文は，43報のレファレンス（引用文献）がある。文献のどの部分で引用したかをドットで示している。序論で32報，材料と方法部分で9報，結果で4報，考察で25報が引用した[12]。

視覚化された2-5図のドットをクリックすると，2-6図の引用文献書誌情

12：Web of Science Core Collection，2022年6月13日検索，クラリベイト.

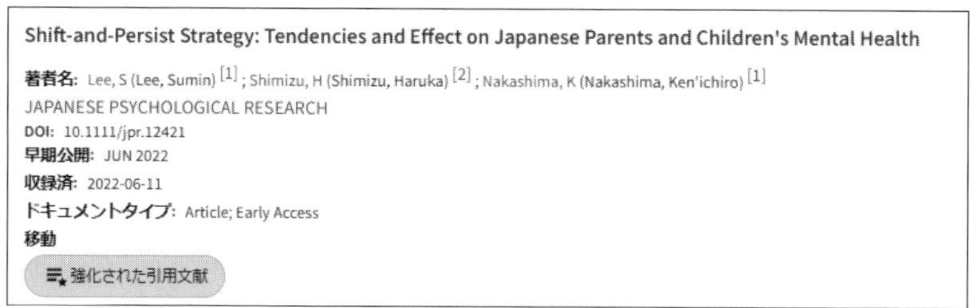

2-4図　強化された引用文献機能①

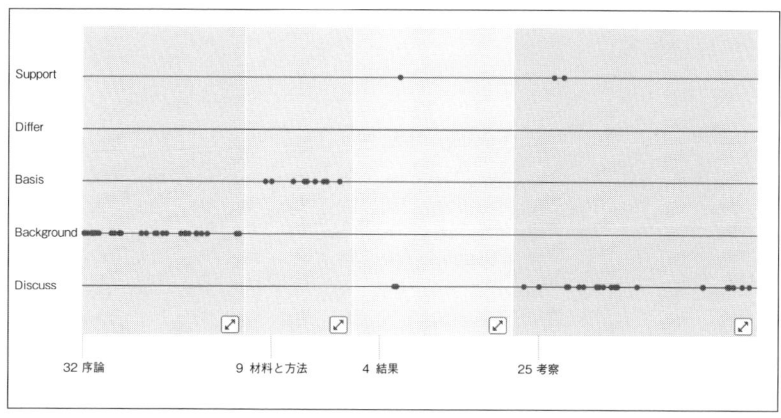

2-5図　強化された引用文献機能②

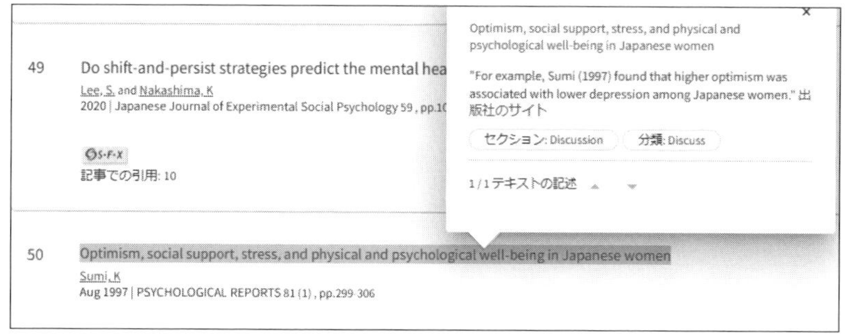

2-6図　強化された引用文献機能③

報が表示され，さらに本文中のどの部分で引用したか，テキストの記述を抜き出して表示している。

今後，このような機能で「何のために引用したか」を情報とした分析が可能となれば，引用分析もさらに発展の可能性があると言えよう。

2.5 学術文献を分母にカウントする

次に，JIF の算出式の分母に，なぜ原著論文とレビュー論文をカウントするかについて考察する。1章の1～6項で，一部のジャーナルの JIF 算出式の分子において，実際には分母にカウントしていない記事への引用が含まれているので，被引用平均率としてはフェアでない，とする不満があった。

学術雑誌の目次を思い起こしてほしい。ジャーナルには，原著論文やレビュー論文など研究発表として出版公開する文献と，巻頭言，論説，訂正記事，レター記事，ニュース記事などさまざまな種類の記事がある。

JIF の算出には，ドキュメントの中で，原著論文とレビュー論文をカウントする。クラリベイト社は，Journal Citation Reports（JCR）の中で，この「原著論文＋レビュー論文」を「引用されやすい文献（Citable Items）」と称している。また，それ以外の文献を「あまり引用されない文献（Non Citable Items）」と分類し，分母のカウントには加えていない。

本書では，「引用されやすい文献（Citable Items，学術文献）」「あまり引用されない文献（Non Citable Items，非学術文献）」とする。

JIF の算出式において物議を醸す論点は，分母と分子において，なぜ分子の被引用数を，分母と同じ，原著論文とレビュー論文の被引用数に限定しなかったのか，というものである。もともと，学術誌の構成は，学会や出版者が作成しデザインされているので，それぞれの分野や学会によって異なり，一様ではない。

分母にカウントされる「学術文献（Citable Items）」について考えよう。クラリベイト社が，Web of Science などにジャーナルの記事を収載する際，ドキュメントタイプを特定する作業プロセスがある。学会誌の構成は千差万別で，学会誌に掲載される記事の特性を明記しない学術誌も多い。そこでデータ収載時に各記事に対し，原著論文（Article），レビュー論文（Review Article）として，ドキュメントタイプを付与して索引付ける。その時に「学術文献（Citable Items)」と見なすための“学術的な記事である”とする基準は，次のような書誌的特性を考慮している。

- Abstract　抄録があるか
- Descriptive article titles　説明的な記事タイトルがあるか
- Named author with author addresses　著者名と著者所属機関住所は十分に表記されているか
- Article length　記事の長さは十分か
- Cited Reference　引用文献リストは，十分な情報とともに表記されているか
- Data content　データコンテンツは学術的か

また各ジャーナルが，ジャーナル上でセクション項目分けをしているとしても，それぞれの項目はそれぞれの学会誌で特性を見出して個々に立てていることも多い。したがって，クラリベイト社は独自ルールに基づいた判断で，ドキュメントタイプを付与し，結果的にJIFの分母に数えられる記事数が決まるわけであるが，出版者と協議することもある。なお，会議録（Proceedings）の記事で上記の条件を満たすものをCitable Itemsに含める場合があることも加えておく。

2.6　非学術文献が引用されること

JIFの算出式の分子に，すべての記事，非学術文献も引用対象として，被引用数がカウントされていることについて，どれくらい非学術文献が引用されているのか。その検証の方法は，被引用分布図で確認できる（4.2.5参照）。

学会誌の特徴として，学会で起こるコミュニケーションが，非学術文献であり，その中で論議が巻き起こり，引用が起こる文献はエディトリアルなど巻頭言，論説で取り上げられる記事である。これが重要なリードとなって，後の研

究に多大な影響をもたらすこともある。そのため，ガーフィールドは，引用索引SCIにおいて採録対象とする記事は，学術誌の端から端までとした。言い換えれば，目次（Table of Contents）に示される記事は，すべて収載する，索引化する，というポリシーをSCIに適用した。そのためJIFの算出式の分子となる被引用数は，全ての引用をカウントする，というスタイルが定着したと思われる。

非学術文献を対象とする被引用数は，医学系学術誌のNEJM誌やLancet誌，あるいはNature誌，Nature姉妹誌など，引用のコミュニケーションが発生する文献，ケースレポートなどには，非学術文献の被引用数が発生していることを確認できる。

Nature誌の非学術文献の被引用は，2-7図のように，少ない被引用数に集中している。原著論文の被引用中央値は30，レビュー論文の被引用中央値は53である。被引用が50回以上の文献は，原著論文459報，レビュー論文26報，非学術文献9報である。非学術文献の2018・2019年の数は4,237報で，そのうち全く引用されていないものは3,049報，およそ1,200報近くの非学術文献の被引用貢献がJIFにあったことになる。分子である90,281被引用数のおよそ10％近く，8,731回であった。

Nature誌のJIF2020は49.962，算出内訳は90,281／1,807（総被引用数／学術文献数）であった。Nature誌の記事構成を見たとき，非学術文献数は4,237編で，JIFの分母となる学術文献数よりもはるかに多い。

学会誌とは異なるコンセプトで作られている商業誌を学会誌と同じ土俵で比べるべきではない。

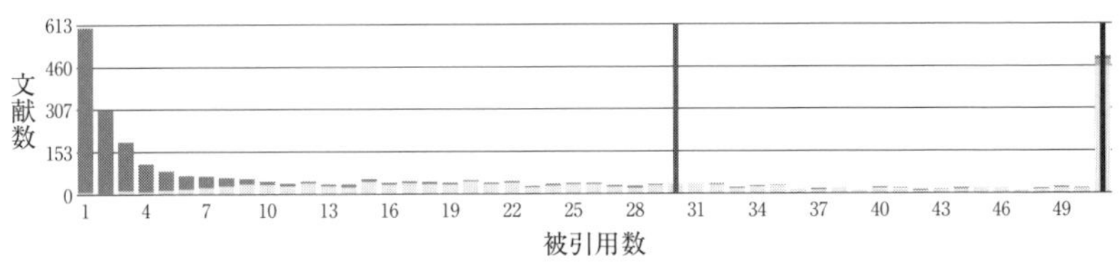

2-7図 Nature誌 JIF2020年の被引用分布

もう一つの注目点は，Nature 誌の非リンク被引用数1,469である。これは，引用文献表記の書誌情報の誤りなどで，リンクのつかないものであるが，Nature 誌のように引用されることの多いジャーナル，論文について，起こりうるケースである。これについて次節で考察する。

2.7　書誌情報の誤った引用文献の存在

人間の行う引用行動には，“孫引き”も多く，時には引用する原文献の内容を確認せずに引用するような，横着な引用もある。孫引きは，先述のようなページ数や巻号を間違えた引用につながることがある。

こうした書誌情報を部分的に誤った引用を，Journal Citation Reports（JCR）では“Unlinked Citation（非リンク被引用）”としてカウントする。非リンク被引用とは書誌情報が不明瞭であるために，リンクすることができない被引用数である。そして，引用された論文のジャーナル名と出版年等がわかる限り，JIF の算出のための被引用数としてカウントする。

ここでは書誌情報の誤った引用がいかに多いかを示し，こうした引用文献の多様性をあぶり出す方法を紹介したい。

Web of Science の引用文献検索（Cited Reference Search）を使うと可能である。非常によく引用される論文ほど，孫引きが多いので，引用の表記に誤りが生じる割合も高く，非リンク被引用をあぶり出せる。

光触媒の研究で業績貢献の高い元東京理科大学長，藤島昭の1972年の Nature 誌掲載の論文を例に引用文献検索を行う。引用の誤りを見つける時の引用文献検索の条件設定は，できるだけ条件を広く設定することが望ましい。ここでは，Nature 誌の1972年238巻5,358号の論文をキーとして，引用文献検索を行う。この文献は23,500件以上引用されている。引用対象の著者は「Fujishima *」と入力し，引用対象の出版物名を「Nature」と指定する。この条件を満たす引用文献は47件で，候補が示された結果が２-３表である。１行目の正しい引用表記では23,586件の被引用がある。２行目以降の白地部分は正しい引用表記，網かけ部分は引用表記が不十分もしくは誤っていることを示す。誤っ

2-3表 引用のバリエーション例

正誤	著者名	出版物名	論文タイトル	出版年	巻数	号数	頁始め	頁終り	DOI	被引用数
正しい引用	FUJISHIMA, A; HONDA, K	NATURE	ELECTROCHEMICAL PHOTOLYSIS OF WATER AT A SEMICONDUCTOR ELECTRODE	1972	238	5358	37	+	10.1038/238037a0	23586
巻数間違い	Baker, M.A.; Holland, L.; Laurenson, L	Nature	Electrochemical photolysis of water at a semiconductor electrode	1972			238	238		10
出版年間違い	FUJISHIMA A	NATURE		1927	238		37			1
	Fujishima, A.; Honda, K.	Nature		2016	5358		37	38		1
	FUJISHIMA A	NATURE		1982	238		37			1
	FUJISHIMA A	NATURE		1980	237		37			1
	FUJISHIMA A	NATURE		1975			37			1
出版年欠如	Fujishima, A.; Honda, K.	Nature	Electrochemical photolysis of water at a semi- conductor electrode			238				1
号数頁数不十分	Fujishima, A.; Honda, K.	Nature		1972	283		27	38		1
	Fujishima, A.; Honda, K.	Nature		1972	238		21	21		1
	Fujishima, A.; Honda, K.	Nature		1972	238		28	37		1
	Fujishima, A.; Honda, K.	Nature		1972	238		37	37		1
	Fujishima, A; Honda, K	Nature		1972	238	5338	37	38		1
	Fujishima, A.; Honda, K.	Nature		1972	238		37	38		1
	Fujishima, A; Honda, K.	Nature		1972	238		37	37		1
	Fujishima, A.; Honda, K.	Nature		1972	238		371	371		3
	Fujishima, A.; Honda, K.	Nature		1972	238		637	638		2
	Fujishima, A.K.; Honda, K.	Nature		1972	238		37738	37738		1
巻号頁数不十分	Fujishima, A; Honda, K	Nature	Electrochemical photolysis of water at a semiconductor electrode	1972	72		108	114		2
	Fujishima, A.; Honda, K.	Nature		1972	57		238	245		1
	Fujishima, A.; Honda, K.	Nature		1972	37		8	8		1
	Fujishima, A.; Honda, K.	Nature		1972	37		138	138		2
	Fujishima, A.; Honda, K.	Nature		1972	37	3	237	238		3
	Fujishima, A.; Honda, K.	Nature		1972	37		238	238		456①
	Fujishima, A.; Honda, K.	Nature		1972	37		258	258		1
	Fujishima, A.; Honda, K.	Nature		1972	37					2
	Fujishima, A.; Honda, K.	Nature	Electrochemical photocatalysis of water at semiconductor electrode	1972		238	5358	5358		1
	Fujishima, A.; Honda, K.	Nature	Electrochemical photolysis of water at a semiconductor electrode	1972			23837	23837		1
共著者名不十分	FUJISHIMA A	NATURE		1972	283		37			1
	FUJISHIMA A	NATURE		1972	238		1			1
	FUJISHIMA A	NATURE		1972	238		27			10②
	Fujishima A	Nature		1972	238		37	38		1
	FUJISHIMA A	NATURE		1972	238		38			158③
	FUJISHIMA A	NATURE		1972	238		53			2
	FUJISHIMA A	NATURE		1972	238		87			1
	FUJISHIMA A	NATURE		1972	238		97			1
	FUJISHIMA A	NATURE		1972	238		5358			44④
	FUJISHIMA A	NATURE		1972	238		5551			4
	FUJISHIMA A	NATURE		1972	238					4
	FUJISHIMA A	NATURE		1972	233		37			1
	FUJISHIMA A	NATURE		1972	37		2338			1
	FUJISHIMA A	NATURE		1972	37		5358			1
	FUJISHIMA A	NATURE		1972	23					3
	FUJISHIMA A	NATURE		1972			23			1
	FUJISHIMA A	NATURE		1972	0238		00037			1
	FUJISHIMA AJ	NATURE		1972	238		317			1
	FUJISHMA A	NATURE		1972			238			4

出典：Web of Science, 2022年4月25日調査, クラリベイト

た表記の引用文献は46種類あり，巻号頁数の間違い，出版年の間違い，表記漏れ，共著者の表記漏れ等があった。その上，表の右端の被引用数は，その間違った引用表記が他にもあることを示している。40件，400件の間違い引用に至るものもあるので，原文献を確認せず，間違った引用表記のまま，孫引きしたと思われる。

例えば，表内①はページ始めの37を巻数として記述し，その間違った引用表記をそのまま孫引きしていると思われる引用が400件以上あることを示す。②③④は共著者名が不十分で，ページ数表記が誤っている引用が孫引きで拡がっていることを示す。

このように，引用文献そのものを原著論文，レビュー論文から採録し索引化している Web of Science であるからこそ，引用表記のバリエーションをあぶり出して，どのような論文に引用されているかを徹底調査することができる。

毎年の JCR の引用データの採録には，この事例のように，引用の表記のバリエーションを調査し，JIF の算出のための引用のカウントにも含めて統計をとっている。あいまいな表記での引用のバリエーションまで引用文献検索によって調査して，JCR の年刊引用統計は編纂されているのである。

２章では JIF が付与されるジャーナルがどのような基準で厳選されるかを明らかにした。また，「引用されること」でインパクトがあると見なされる学術文献，学術誌，および学術文献の定義を明らかにした。特に，書誌情報の誤った引用は，引用索引としてキュレーションしない限りは，文字どおり，アンリンクト，リンクされない，迷子の引用としてカウントされない。世界で唯一の引用索引である Web of Science の特長として，引用文献検索が，JIF の算出に役立てられている。

本章で，JIF を付与する仕組みは Web of Science を制作する過程で，ジャーナルを厳選し，低品質なジャーナルは取り除き，引用索引データベースとして適切なコレクションであることを目指していることがわかった。そこには，1960年代にガーフィールドが最初の引用索引 SCI を作った時から変わらない，一貫した厳選基準がある。基準が一貫しているので，統計値として比較もしやすい。このことも，JIF が独り歩きして，業績評価に使われた要因である。

一方で，現代は粗悪ジャーナルが横行し，研究者は毎日のように新興のジャーナルから投稿の勧誘メールを受け取る時代である。粗悪ジャーナルを見極めるためにも，より厳格な評価の目をもって厳選を続けることが期待される。

被引用が多いことが論文の質を表すのではない。したがって，「JIF が高いジャーナルのほうが，JIF の低いジャーナルよりも，質の高いジャーナルである」とは言えない。あえて言えることがあるとすれば，高いジャーナルのほうが，インパクトを与えやすい，という傾向である。

研究論文における引用は，何のために行われる行動か。研究論文の目的が研究発表であり，広く学術コミュニケーションの中で培われてきたものである。そのコミュニケーションの結果として，個々の研究論文がのちの研究に与えた“影響”を測ることができると考えられた。

次章では，定量的分析に使いやすい引用分析／JIF であるが，そのデータ性質を知った上で使うことが望ましい。引用分析の心得について考察する。

3章
引用分析データ利用の基本

ジャーナル評価の基本指標に論文数と被引用数がある。論文数は，研究の生産性，研究活動の躍動性を表し，特定の研究主題でリードしている国／研究機関／研究者がわかる。被引用数は，論文の，あるいはジャーナルの影響力に関する客観的データと考えられるが，論文の種類，出版後の経過年，分野などの条件を合わせた上で，比較することが望ましい。

本章では，この２つの実数を科学動向を見る手段としてジャーナルベースに置き換えて，さまざまな指標として確立された引用統計の見方を考察する。基本編として，引用データから科学研究動向はどう見えるか，引用分析において，引用データを見る時に知っておくべきこと，引用分析の心得について整理した。

3.1　引用データからみる科学研究動向

最初に，論文が引用された数（被引用数）の統計データから，科学界において，最もよく引用されるジャーナルを識別し，影響力の高いジャーナルを見る。被引用数を時間の経過とともにみると，ジャーナルの評価が変化するだけでなく，科学研究が変化する姿が反映されている[1]。

3-1表は1977～2002年の被引用数によるランクの経年変化を表す。物理・化学の時代から生命科学へと，科学研究の重心がシフトしている。JACS誌（Journal of the American Chemical Society）からJBC誌（Journal of Biological Chemistry）へ先頭が代わり，総合科学誌であるNature誌やScience誌と並び，

1：山崎茂明．インパクトファクターを解き明かす．情報科学技術協会，2004，52p.，（INFOSTA ブックレットシリーズ）．
なお，以後3-1～3-3表についても，本書の当該箇所を参考に作成している。

3-1表 被引用数によるジャーナルランク経年変化

年	1位	2位	3位	4位	5位
2002	JBC	Nature	PNAS	Science	Phys Rev Lett
2001	JBC	Nature	PNAS	Science	JACS
2000	JBC	Nature	PNAS	Science	JACS
1999	JBC	Nature	PNAS	Science	JACS
1998	JBC	PNAS	Nature	Science	JACS
1997	JBC	PNAS	Nature	Science	JACS
1996	JBC	PNAS	Nature	Science	JACS
1995	JBC	PNAS	Nature	Science	JACS
1994	JBC	PNAS	Nature	Science	JACS
1993	PNAS	JBC	Nature	Science	JACS
1992	JBC	PNAS	Nature	Science	JACS
1991	JBC	PNAS	Nature	Science	JACS
1990	JBC	PNAS	Nature	Science	JACS
1989	JBC	PNAS	Nature	JACS	Science
1988	JBC	Nature	PNAS	JACS	Science
1987	JBC	Nature	PNAS	JACS	Science
1986	JBC	Nature	PNAS	JACS	Science
1985	JBC	Nature	PNAS	JACS	Science
1984	JBC	Nature	PNAS	JACS	Science
1983	JBC	Nature	PNAS	JACS	Science
1982	JBC	JACS	Nature	PNAS	J Chem Phys
1981	JBC	JACS	Nature	PNAS	J Chem Phys
1980	JBC	JACS	Nature	PNAS	J Chem Phys
1979	JBC	JACS	Nature	PNAS	J Chem Phys
1978	JACS	JBC	Nature	PNAS	J Chem Phys
1977	JACS	JBC	Nature	J Chem Phys	PNAS

出典：JCR 1997-2002年版，クラリベイト

米国学士院の紀要であるPNAS誌（Proceedings of the National Academy of Sciences of the USA）が，長きにわたり上位を維持している。

3-2表はレビュー誌を除いたジャーナル・インパクトファクター（JIF）によるジャーナルランク経年変化である。JIFの上位ランクでは，分子生物学の影響力の高さが示され，同時にNature誌の姉妹誌の強さが目立つ。臨床医学の代表的な総合医学誌であるNEJM誌（New England Journal of Medicine）は，常に上位に位置している。

分子生物学のトップジャーナルの交替は，J Ex Med誌（Journal of Experimental Medicine）は，1978年にCell誌に追い越され，その後ランクを下げて，1995年には上位5位から外れた。こうして，引用データを長期にわたって見ることで，科学の研究動向の変化を見ることができる。

また，3-1表の被引用数のランキングは，研究者や大学図書館では馴染みのあるジャーナルタイトルであるが，3-2表のJIFのランキングでは，2001年と2002年に1位となったCA-Cancer Journal for Cliniciansは，2002年JIFが32.886で，JIF算出の分母となった論文数はわずか31編である。山崎によれば[2]，このジャーナルはアメリカがん協会（American Cancer Society）により刊行され，がんの診断・治療・予防のための最新情報を伝えることを目的とした教育啓蒙的なジャーナルである。ジャーナルの目的は，研究成果の発表の場ではなく，数少ない優れた解説記事を掲載しているために，頻繁に引用される。また，ニュース記事，論説記事などの研究論文以外の記事も多くの引用を集め，JIFを上げている。したがって，このジャーナルは世界で最も影響力の高い研究論文誌としてここに挙げるには比較上ふさわしくない。

そこで，2001～2020年のJIFのランキング作成には，「レビュー誌を除外する」という条件に加え，「各年の学術文献数（Citable Items）が100編以上」という閾値（しきい）を設定した。その結果が，3-3表である。

この表をみると，2002年以降，臨床医学の総合医学雑誌NEJM誌が安定して1位である。20年間の変化には，総合医学雑誌のLancet誌やJAMA誌も

2：前掲注1参照。

3-2表 JIF によるジャーナルランクの経年変化（レビュー誌除く）

年	1位	2位	3位	4位	5位
2002	CA-Cancer J Clin	NEJM	Nature	Nature Med	Nature Immunol
2001	CA-Cancer J Clin	Nature Genet	Cell	NEJM	Nature
2000	Cell	Nature Genet	NEJM	Nature Med	Nature
1999	Cell	Nature Genet	Nature	NEJM	Nature Med
1998	Nature Genet	Cell	Nature	NEJM	Nature Med
1997	Cell	Nature Med	NEJM	Nature	Science
1996	Cell	Nature Genet	Nature	NEJM	Science
1995	Cell	Nature Genet	Nature	NEJM	Science
1994	Cell	Nature	NEJM	Nature Genet	Science
1993	Cell	NEJM	Nature	Science	Nature Genet
1992	Cell	NEJM	Nature	Science	FASEB J
1991	Cell	NEJM	Science	Nature	FASEB J
1990	Cell	NEJM	Science	Nature	FASEB J
1989	Cell	NEJM	FASEB J	Science	Nature
1988	Cell	NEJM	Science	Nature	Lancet
1987	J Neurosci Res	Cell	NEJM	Nature	Nature
1986	J Neurosci Res	Cell	NEJM	Nature	Lancet
1985	NEJM	J Neurosci Res	Cell	Nature	Lancet
1984	Cell	NEJM	J Neurosci Res	J Ex Med	Nature
1983	NEJM	Cell	Lancet	J Ex Med	J Neurosci Res
1982	Cell	NEJM	J Ex Med	Comput Graphics	J Cell Biol
1981	Cell	NEJM	J Ex Med	Lancet	J Cell Biol
1980	Cell	NEJM	J Ex Med	J Cell Biol	PNAS
1979	JBC	Cell	NEJM	J Ex Med	PNAS
1978	Cell	NEJM	J Ex Med	PNAS	Lancet
1977	NEJM	J Ex Med	Cell	PNAS	Lancet

出典：JCR 1997-2002年版，クラリベイト

3-3表　JIF によるジャーナルランク経年変化（レビュー誌除く，年間論文数100編以上）

年	1位	2位	3位	4位	5位
2020	NEJM	Lancet	Nature Energy	JAMA	Nature Biotech
2019	NEJM	Lancet	Nature Energy	JAMA	Nature
2018	NEJM	Lancet	Nature Energy	JAMA	Nature
2017	NEJM	Lancet	JAMA	Nature Energy	Nature
2016	NEJM	Lancet	JAMA	Nature Biotech	Nature
2015	NEJM	Lancet	Nature Biotech	Nature Mat	Nature
2014	NEJM	Lancet	Nature Biotech	Nature	Nature Mat
2013	NEJM	Nature	Lancet	Nature Biotech	Nature Mat
2012	NEJM	Lancet	Nature	Nature Genet	Nature Biotech
2011	NEJM	Lancet	Nature	Nature Genet	Nature Mat
2010	NEJM	Nature Genet	Nature	Lancet	Cell
2009	NEJM	Nature	Nature Genet	Cell	Lancet
2008	NEJM	JAMA	Nature	Cell	Nature Genet
2007	NEJM	Cell	Nature	Lancet	Nature Med
2006	NEJM	Science	Cell	Nature Med	Nature Immunol
2005	NEJM	Science	Cell	Nature	Nature Med
2004	NEJM	Nature	Science	Nature Med	Cell
2003	NEJM	Nature	Nature Med	Science	Nature Immunol
2002	NEJM	Nature	Nature Med	Nature Immunol	Cell
2001	Nature Genet	Cell	NEJM	Nature	Nature Med

出典：JCR 2001-2020年版，クラリベイト

上位に安定した。Natureの姉妹誌の動きとしては，Nature Medicine誌やNature Immunology誌，Nature Genetics誌に代わり，Nature Biotechnology誌，Nature Materials誌等が台頭し，2018年以降には，Nature Energy誌の伸びが際立つ。2000年代まで上位であったScience誌やCell誌を越えて，上位5位の顔ぶれが代わっている。

こうして，JIFのランキングリストは，JCR上のリストのまま受け入れてしまうのでなく，目的に応じて，レビュー誌を除く，あるいは，年間論文数の閾値を設定するなどの配慮が必要である。引用分析によるランキング作成は，できるだけ同じ条件下でジャーナルを評価することを推奨したい。

どんな条件を設定するかは，引用データの特異な特徴を知っておくと良い。なお，3-3表のNEJM誌は2002～2020年の間最上位であったが，2021年JIFでLancet誌が200を越え，NEJM誌と首位が入れかわった。COVID-19治療関連論文が増え，引用も著しく増えたことが影響している。次節では，引用分析に起こりがちな事象を整理する。

3.2 ジャーナル・インパクトファクター理解のために知っておくべきこと

JIFのランキングやJIFの数字の裏を読み取るために，引用分析に起こる事象として，知っておくとよい知見を整理しておく。

①**被引用数の分布は偏りがある**：多くの学術誌では，掲載論文のうち被引用数が少ない論文が大半である。少数の論文が高い被引用数で，JIFに貢献している（3.3参照）。

②**研究分野による引用慣習や引用パターンの違いからJIFに違いが出る**：医学や生理学では1論文あたりのレファレンス数は多いが引用期間は短い，数学では1論文あたりのレファレンス数は少ないが，引用期間は長い（3.4参照）。

③**長く引用される分野と，短期間しか引用されない分野がある**：数学分野のジャーナルの被引用半減期は30年以上のものもある。化学分野，薬理

学薬学分野は7年ほどである（3.5参照）。

④<u>**レビュー誌は引用されやすいので，JIF ランクの上位にある**</u>：各分野のJIF ランキングをみるときは，レビュー誌を除いて，原著論文誌のトップを確認すると良い（3.6参照）。

⑤<u>**原著論文よりレビュー論文の方が引用されやすい**</u>

⑥<u>**Nature 誌や Science 誌などの総合誌は JIF が高くなりやすい**</u>：専門誌と総合誌は異なるものとしてJIF を見たほうが良い。

ここに挙げた事象を予め心に留めて，これ以降のデータ事例の引用分析に活かしたい。ドキュメントタイプ，分野，対象期間の条件設定をしたり，正規化を行ったり，目的に応じて，分析する手法を探るが肝要である。

3.3　被引用分布の偏り

一つの学術誌で，被引用数の分布はどうなっているか，見てみよう。3-1図はScientific Reports誌（SR誌）の被引用数の分布である。2020年のSR誌のJIF は4.380。このJIF の元となったSR誌の被引用数分布である。分布図は大半のジャーナルにおいて3-1図のように数多くの論文は少数の被引用数であるため，横軸左から右へロングテールとなる分布となる。

JIF の算出式で，SR誌の分母となったのは37,038報の原著論文+レビュー論文。この中で，最も引用されたのは，297回，145回，135回と1報ずつあるが，図では右端のロングテールの先になる。被引用回数が3回以下の論文が50%以上である。被引用回数0回のものは4,714報あって，全体の13%近くである。

このように多くの学会誌は，数編の高被引用論文（被引用数の高い論文）がJIF に貢献するのみで，数多くの論文は，少ない被引用回数である，という偏りを見せる分布図となる。

SR誌の場合は，オープンアクセス誌として大量の投稿論文を扱う。大半が原著論文で，レビュー論文は2018・2019年では63報である。2020年のJIF が4.380に対し，原著論文の被引用中央値は3，レビュー論文の被引用中央値は5であった。レビュー論文の被引用数の最高値は43回であるので，SR誌の場

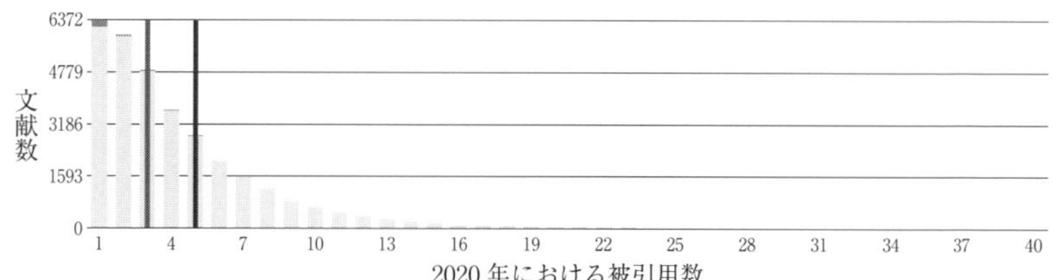

3-1図 SR誌の2020年JIFの内訳被引用分布

合は，原著論文のわずかな高被引用論文が貢献して，JIF4.380になっていると見受けられる。

3.4 分野の違いを概観する

次に，被引用数による分野の違いを概観しよう。

分野別に2011～2021年の11年間の論文数，被引用数，被引用率で比較した。3－4表では，引用が盛んな分野は，臨床医学，化学，材料科学，工学，生物学・バイオケミストリーが上位にある。1論文当たりの被引用率は，分子生物学・遺伝学，免疫学，学際分野，宇宙科学が20以上と高い。

3－5表は，分野ごとのトップ1％論文，トップ10％論文を決める時の閾値である。2022年3月時点で，同じ分野のジャーナルに掲載された，同じタイプの論文を，出版年ごとに，被引用数の多い順に並べる。その上で，各分野の中で，上位から1％，10％となる被引用数の閾値が決められる。本表では，2015年に出版された化学分野の論文は190回以上被引用数があると上位1％の高被引用論文で，生物・生化学分野では同じ条件で182回以上ないと上位1％と言えない。工学分野であれば123回以上，と分野によって引用される量とスピードが異なる。数学では，2011年出版のジャーナル掲載の論文は87回以上の被引用数で，上位1％高被引用論文，24回以上で上位10％の高被引用論文となる。分野で注目されている論文が，どれくらい引用されているか，出版後11年間の引用パターンの違い，引用コミュニケーションの違いがわかる。

3-4表　分野別比較 2011～2021年の論文数，被引用数，被引用率

	研究分野	Web of Science 文献数	被引用数	被引用率	被引用率順位
1	臨床医学	3,333,213	49,338,076	14.8	12
2	化学	2,011,350	35,165,906	17.48	9
3	材料科学	1,159,202	21,574,723	18.61	7
4	工学	1,788,508	20,122,940	11.25	18
5	生物・生化学	856,129	16,766,830	19.58	6
6	物理学	1,184,098	15,568,487	13.15	15
7	分子生物学・遺伝学	550,479	14,635,943	26.59	1
8	神経科学・行動学	592,612	11,984,870	20.22	5
9	環境／生態学	724,992	11,572,918	15.96	10
10	社会科学・一般	1,169,986	10,517,754	8.99	21
11	植物・動物学	862,155	9,678,063	11.23	19
12	地球科学	577,870	8,829,243	15.28	11
13	精神医学／心理学	515,598	7,363,508	14.28	14
14	薬学・毒性学	492,156	7,225,031	14.68	13
15	免疫学	304,498	6,468,012	21.24	2
16	農業科学	530,453	6,398,470	12.06	16
17	コンピュータサイエンス	483,910	4,961,669	10.25	20
18	微生物学	252,333	4,577,875	18.14	8
19	経済学・経営学	343,437	3,971,793	11.56	17
20	宇宙科学	167,694	3,396,628	20.25	4
21	数学	511,386	2,690,178	5.26	22
22	学際分野	27,253	565,239	20.74	3

出典：Essential Science Indicator，2022年３月，クラリベイト

3-5表 分野別 上位1%・上位10%論文の閾値

研究分野	2011	2012	2013	2014	2015	2016	2017	2018	2019	2020	2021	2011-2021
農学 AGRICULTURAL SCIENCES												
1.00%	156	143	135	123	113	96	83	68	49	28	10	96
10.00%	52	48	45	43	40	35	30	25	19	10	3	30
生物・生化学 BIOLOGY & BIOCHEMISTRY												
1.00%	277	261	235	212	182	158	132	104	74	43	12	165
10.00%	76	71	64	58	50	44	39	32	23	13	4	43
化学 CHEMISTRY												
1.00%	260	241	219	204	190	157	138	111	79	44	13	155
10.00%	64	61	57	54	49	43	39	32	24	13	4	40
臨床医学 CLINICAL MEDICINE												
1.00%	229	209	189	172	160	139	120	91	62	45	11	136
10.00%	61	56	51	47	42	36	31	24	17	10	3	34
コンピュータサイエンス COMPUTER SCIENCE												
1.00%	163	142	143	141	123	117	114	92	70	45	15	101
10.00%	37	34	34	33	32	29	27	24	18	11	3	24
経済学・経営学 ECONOMICS & BUSINESS												
1.00%	230	195	173	150	125	104	91	68	46	30	12	118
10.00%	59	51	47	42	37	32	26	21	14	9	3	28
工学 ENGINEERING												
1.00%	161	145	138	130	123	111	103	87	62	38	13	99
10.00%	47	45	43	41	38	35	32	27	19	11	3	28
環境/生態学 ENVIRONMENT/ECOLOGY												
1.00%	303	287	241	227	197	160	135	104	71	42	13	149
10.00%	77	71	63	57	51	44	38	31	22	12	4	37
地球科学 GEOSCIENCES												
1.00%	237	223	196	169	141	119	99	75	54	30	9	127
10.00%	71	64	58	52	46	39	33	25	18	10	3	36
免疫学 IMMUNOLOGY												
1.00%	327	290	278	265	213	181	150	121	85	109	24	192
10.00%	82	74	70	64	56	49	42	35	24	16	5	47
材料科学 MATERIALS SCIENCE												
1.00%	301	306	274	268	239	213	187	149	97	53	14	180
10.00%	70	68	64	63	60	54	49	41	29	16	4	43
数学 MATHEMATICS												
1.00%	87	77	67	60	58	48	43	38	29	19	6	51
10.00%	24	21	19	18	16	14	12	10	8	5	2	13
微生物学 MICROBIOLOGY												
1.00%	242	241	214	196	164	169	138	103	69	77	13	157
10.00%	70	63	61	57	50	45	38	30	21	13	3	41
分子生物学・遺伝学 MOLECULAR BIOLOGY & GENETICS												
1.00%	509	437	389	342	287	244	189	174	113	65	16	263
10.00%	110	97	89	78	69	56	49	41	28	15	4	57
神経科学・行動学 NEUROSCIENCE & BEHAVIOR												
1.00%	289	266	236	208	177	153	131	100	65	40	10	169
10.00%	86	78	70	62	54	46	40	31	21	11	3	47
薬学・毒性学 PHARMACOLOGY & TOXICOLOGY												
1.00%	197	180	165	149	130	113	100	81	55	34	10	117
10.00%	59	55	51	47	41	36	32	27	19	11	3	34
物理学 PHYSICS												
1.00%	188	183	168	159	142	124	103	85	60	35	11	124
10.00%	47	45	43	39	37	33	28	24	17	10	3	30
植物・動物学 PLANT & ANIMAL SCIENCE												
1.00%	165	149	138	121	108	89	74	56	40	23	7	96
10.00%	48	44	41	37	32	29	23	19	14	8	3	27
精神医学/心理学 PSYCHIATRY/PSYCHOLOGY												
1.00%	256	211	185	167	139	113	99	70	45	37	11	129
10.00%	70	62	55	50	42	35	29	22	15	9	3	34
社会科学・一般 SOCIAL SCIENCES, GENERAL												
1.00%	149	132	120	110	94	79	68	53	35	25	9	84
10.00%	42	38	36	32	29	25	21	17	12	7	2	22
宇宙科学 SPACE SCIENCE												
1.00%	275	253	261	199	182	153	127	109	76	43	14	170
10.00%	80	77	71	62	56	47	40	33	24	14	4	47

出典：Essential Science Indicator, 2022年3月, クラリベイト

3.5　情報の寿命を表す指標：被引用半減期

前節では，分野によって引用のスピードが異なることがわかった。ゆっくり長く引用され続ける論文が多い分野と，先端研究で情報の廃れが早い分野とでは，被引用数の事象は異なることがわかった。

この情報の新しさ，情報の廃れ，情報の寿命を表す指標がある。文献が発行されてからの年数が経過して，古くなるにつれ利用が減っていく。これを半減期（half-life）という年数で示す。物理学の放射性同位体測定方法である半減期の理論を文献に応用したものである。半減期は，ジャーナルに掲載された論文が読まれ続けるか，といった寿命，年数経過とともに，情報の新しさ，情報の廃れの速さを測るものである。

被引用半減期（Cited Half-Life）は，ジャーナルがどれだけ長く引用され続けているかを示す。引用半減期（Citing Half-Life）はどれだけ新しい（古い）論文を引用しているかを示す。

JCR2020年版で見ると，特定のジャーナル A 誌についての被引用半減期は，「2020年に出版されたジャーナル論文に A 誌の論文が引用された数の年（A 誌の出版年）ごとの累積が，引用された総数の50％に達するまでの，現在（2020年）から遡った年数」を表す指標である。

粉体工学会のジャーナル Advance Powder Technology 誌の2020年被引用半減期は3.8年である。2020年から3.8年のところで，当誌の論文被引用が50％に達するところが，3－2図で確かめられる。2018・2019年の濃い部分は JIF の算出に使われた部分である。出版されて3，4年目が被引用のピークとなっている。

被引用半減期の利用を，図書館の学術誌コレクションを再考する際に用いることを考えよう。図書館の学術誌それぞれは，どの程度の深さまで引用されているのか。学術誌の冊子体を長く維持するために，製本を行って，閉架書架に保管する学術誌もある。閉架書架へ格納する学術誌は，本来は学術誌ごとに情報の寿命があることが，この被引用半減期でわかる。

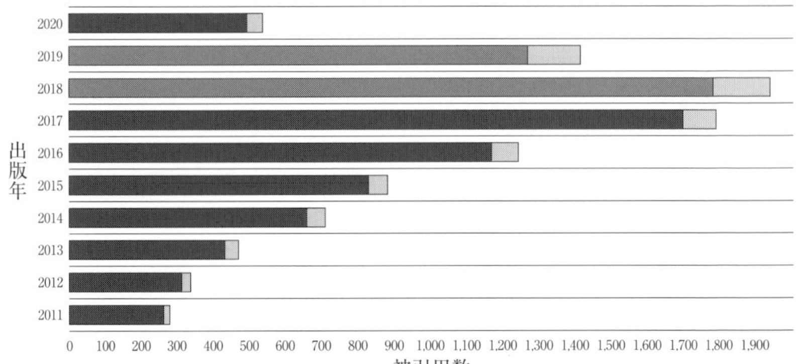

●他のジャーナルからの被引用数　●同誌からの被引用数（自誌引用）
●JIF算出期間の被引用数

CITED YEAR	# OF CITES FROM 2020	CUMULATIVE %
All years	10,489 citations	100.00%
2020	536 citations	5.11%
2019	1,413 citations	18.58%
2018	1,941 citations	37.09%
2017	1,793 citations	54.18%
2016	1,241 citations	66.01%
2015	880 citations	74.40%
2014	709 citations	81.16%
2013	468 citations	85.62%
2012	336 citations	88.82%
2011	279 citations	91.48%
Older	893 citations	

3-2図　Advanced Powder Technology 誌の被引用半減期

被引用半減期は，現在引用されている出版物の年齢を知ることに役立つ。今を起点に，研究者はどれくらい遡ってジャーナルを引用しているかがわかる。半減期はその遡る“年齢”の中央値である。

ジャーナル A の2020年の被引用半減期の値が7.0であれば，2020年に引用されたジャーナル A の論文の半分は，過去 7 年間に出版されたものであることを意味する。被引用半減期が3.8年であれば，2020年に出版されたジャーナル A の論文が引用している論文の半分は，過去3.8年間に出版されたものであることを意味する。

JCR2020年版より新しい構成となり，分野カテゴリーがWeb of Scienceと同じ254分野となった。JCR2020年版で最も収録ジャーナル数の多い分野は「教育・教育研究分野」のESCI版である。版の欄により，SCIEとSSCIはJIFが付与しているジャーナルが収録され，ESCI，AHCI版はJIFが付与されていない。分野全体のJIF中央値が示されることで，数学，応用数学，経済学，工学などは，JIF中央値も高くはないので，JIFや引用分析で業績を測るべきではない。分野の被引用半減期は，情報のオブソレッセンス（情報のすたれ度）を測るものであるが，10年以上と出ている分野，経済学，数学，歴史は，情報としてすたれることなく，引用され続ける学問である。生化学・分子生物学は8.9年，薬理学・薬学は7.2年，環境科学は5.8年と短く，5.8年めで，2020年の出版物が引用した全引用の半分，50%を超えるので，最近の発表論文が引用されている割合が多いことがわかる指標である。

3-6表　JCRジャーナル誌数上位10分野

JCR2020年版 254 研究分野	版	ジャーナル数	論文数	総被引用数	JIF中央値	分野被引用半減期
教育学・教育研究学	ESCI	461	17,595	138,801	—	6.2
経済学	SSCI	378	27,788	1,481,812	1.911	>10.0
材料科学，全般	SCIE	336	151,197	6,125,275	3.322	5.3
数学	SCIE	330	34,948	687,428	0.964	>10.0
生化学・分子生物学	SCIE	297	78,689	4,904,464	3.861	8.9
歴史学	AHCI	288	7,564	84,116	—	>10.0
薬理学・薬学	SCIE	276	56,577	2,298,195	3.448	7.2
環境科学	SCIE	274	106,255	3,549,739	3.071	5.8
神経科学	SCIE	273	48,234	3,100,992	3.627	8.7
エンジニアリング，電気・電子	SCIE	273	100,929	2,500,025	2.484	5.6

出典：JCR 2020年版，クラリベイト

3-7表 分野間経年比較例

研究分野	版	ジャーナル数	論文数	総被引用数	JIF中央値	分野被引用半減期
グリーン＆サステイナブルサイエンス＆テクノロジー	2020 SCIE	44	27,571	734,122	4.752	3.6
	2017 SCIE	33	12,869	281,938	2.702	3.8

出典：JCR2020年版，クラリベイト

次に分野被引用半減期の短い分野の事例をもう一つ挙げよう。JCR2020年版で，JIF 中央値が高い分野，グリーン・サステイナブルサイエンス＆テクノロジー分野について，2017・2020年で比較をした（3-7表）。

この分野は今，動いている。3年間で11誌増え，33％増，被引用数は2.6倍で，JIF 中央値も1.7倍に増えた。これは研究のホットな領域であることを示すとともに，この分野の個々のジャーナルにも着目していくと，学際的なジャーナル交流も増えている。JIF 中央値が高い分野は細胞生物学や細胞工学が上位を占めてきたが，今後の進捗も注視したい分野である。

3.6 レビュー論文，レビュー誌の見分け方

本章の初めに，3.1でレビュー誌を除いたランク表を作成した。本節では，見分けにくいレビュー誌，レビュー論文について，その役割と見分け方を考察する。

特定のテーマについて先行研究の文献を集め，研究の概要や評価をまとめている論文をレビュー論文，あるいは総説論文と呼ぶ。研究者にとっては，レビュー論文があることで，先行研究の論文を把握し，研究動向を理解することができる。

レビュー論文はある領域で，特定の主題の研究が盛り上がってきたときに，総括して次の流れを産み出す役割を持つ。その特定の主題で，何が解決されて

いて，何がされていないか，次への展望についても示される。レビュー論文によって，研究はさらに次なる展開に進めるよう，先導する力にもなる。3－8表は，レビュー論文の多い上位10分野である。まさに研究主題の展開が速く，レビュー論文，レビュー誌によって総括され，引用の盛んな分野である。

また，研究論文誌，原著論文誌であっても，レビュー論文を掲載しているジャーナルもある。JCR では各ジャーナルが何報の原著論文 vs レビュー論文の割合で構成されているか，それぞれの原著論文・レビュー論文の平均レファレンス数をまとめて統計値として載せている。これにより，ジャーナルのタイトルにレビューと謳っていない場合もレビュー誌であるか否かを判断できる。

次に，論文について，クラリベイト社のレビュー論文に分類する基準は，以下のいずれかを満たすものとされている[3]。

- 100件以上の文献を引用している論文
- ジャーナルの，レビュー出版あるいはレビュー・セクションに掲載されている論文
- 論文タイトルに総説・概説（Review，Overview）の文字がある
- 抄録に総説もしくは文献調査（Survey）であるとの記載がある

次にレビュー論文，レビュー論文誌の多い生化学・分子生物学分野を例にとり，JIF のランキング表を，レビュー誌と原著論文誌に分けて見ることを試みる。3－9表は JCR2020年版の生化学・分子生物学分野における，JIF 順の上位10誌である。JCR から抽出された JIF の高い順に並んだランクリストは，上位にレビュー誌と原著論文誌が混合して表出する。レビュー誌の見分け方の一つとして，ジャーナルタイトルに，Review，Trends in～，Progress in～，Advances in～などがあるジャーナル，論文数が100以下のものがレビュー論文誌である可能性が高い（分野によって異なる）。

この表では，ジャーナルのタイトルに Review という語を含まないが，レビ

3：“Journal Source Data”. Journal Citation Reports Help. 2020. https://jcr.help.clarivate.com/Content/source-data.htm, (accessed 2022-08-04).

3-8表 レビュー論文の多い上位10分野（2020年出版）

	Web of Science 分野	レビュー論文数
1	生化学・分子生物学　Biochemistry Molecular Biology	13,462
2	化学／一般　Chemistry Multidisciplinary	11,562
3	薬理学・薬学　Pharmacology Pharmacy	11,199
4	腫瘍学　Oncology	9,443
5	医学／一般　内科学　Medicine General Internal	8,202
6	神経科学　Neurosciences	7,063
7	材料科学／一般　Materials Science Multidisciplinary	6,880
8	細胞生物学　Cell Biology	6,573
9	環境科学　Environmental Sciences	6,009
10	臨床神経学　Clinical Neurology	5,958

出典：Web of Science，調査2022年6月，クラリベイト

3-9表 生化学・分子生物学分野 JIF 上位10誌

ジャーナル名	被引用数	2020 JIF	論文数
NATURE MEDICINE	114,402	53.440	233
CELL	320,410	41.584	407
Molecular Cancer	24,931	27.401	145
Annual Review of Biochemistry	24,394	23.643	32
Signal Transduction and Targeted Therapy	3,848	18.187	143
MOLECULAR CELL	86,299	17.970	332
TRENDS IN MICROBIOLOGY	17,553	17.079	76
NUCLEIC ACIDS RESEARCH	248,139	16.971	1,242
MOLECULAR BIOLOGY AND EVOLUTION	61,557	16.240	279
MOLECULAR PSYCHIATRY	28,624	15.992	490

出典：JCR，調査2022年6月，クラリベイト

3-10表 Molecular Cancer 誌の記事種類（原著論文・レビュー論文・その他）内訳

	原著論文	レビュー論文	論文数合計	その他記事
JCR2020年版収録数（A）	82	63	145	29
レファレンス数(B)	3,574	10,529	14,103	76
1論文あたりのレファレンス数(B/A)	43.6	167.1	97.3	2.6

ュー誌であるものとして，Molecular Cancer 誌がレビュー誌であるかどうか，JCR のソースデータ情報を確認する。このジャーナルは原著論文とレビュー論文のハイブリッドであることがわかる（3-10表）。

3.7 引用分析の心得：引用分析10原則

3章のここまでは，JIF 分析や引用分析に向き合うときに，知っておくと良いことを述べてきた。基礎編の最後として，引用分析の心得を整理したい。

ガーフィールドが旧 ISI 社にアナリスト部門を作り，彼自身も The Scientist 誌や目次速報誌「Current Contents」の中のエッセイで，多くの引用分析を発表してきた。このエッセイの中で，ガーフィールドは，ノーベル賞級の研究を引用分析により見出していた[4]。この分析手法を受け継いで，2002年からデービッド・ペンドルベリーが毎年ノーベル賞級の引用栄誉賞（Citation Laureate 賞）を発表している。そのペンドルベリーが語る「論文・引用分析活用の10原則（Ten Rules in Using Publication and Citation Analysis）」[5]をここで考察する。

4：Garfield, E. Who Will Win the Nobel Prize in Economics? Here's a Forecast Based on Citation Indicators. Current Contents. 1990, no.11, p.3-7, 83-87.

5：Pendlebury, David. Using Bibliometrics in Evaluating Research. White Paper. Thomson Reuters. 2008. https://services.anu.edu.au/files/system/Pendlebury_White_Paper.pdf, (accessed 2022-08-04).

《論文・引用分析活用の10原則》

1．入手されたデータで問題の適切な回答が得られるか検討する
2．出版物の種類，分野の定義，対象期間を設定する
3．適切なカウント方法を決定する（整数カウントか分数カウントか）
4．アーティファクトを除くかどうか検討する
5．似たものどうしで比較する
6．絶対的数値だけでなく，相対的指標を用いる
7．複数の指標を入手する
8．被引用データの分布に偏りがあることを認識する
9．収集したデータが，目的にかなった回答を導くか確認する
10．分析結果が妥当かどうか吟味する

この10原則は，定量的指標を使用して研究動向分析を行う場合の実用的なアドバイスであり，チェックリストとしても活用できる有用な経験則である。

ルール1は，分析を開始する前に，入手データが，研究の目的に合った分析をするのに十分であるか，検討をする。

入手したデータが大きければ大きいほど，一定の基準に則して収集されていれば，分析結果の信頼性は高くなる。データセットが小さければ小さいほど，部分的なデータには，アーティファクトを含む可能性が高くなり，誤った分析結果を導くようなデータは取り除くことになる。

ルール2は，引用分析の条件設定の基本である。出版物の種類，分野の定義，対象期間を設定する。

- 出版物の種類：引用分析では，対象は原著論文とレビュー論文である。あまり引用されない記事類は対象としない。
- 分野の定義：通常，ジャーナルに付与されている分野分類が相当する。
- 対象期間：どの年の出版物と引用を使用するかを決定する。これは同じ期間でなくて，たとえば，過去10年間の論文について当該論文の過去5年間だけに限定して分析する場合もある。

ルール3のカウント方法とは，論文数，被引用数をカウントするときの，分数カウント，もしくは整数カウントの選択である。

筆頭著者で1論文とカウントするのか，共著者全員に1論文カウントを与えるか。それとも分割したカウントを与えるか。例えば3つの異なる大学の3人の著者による論文が30回引用されたとする。各著者に3分の1の論文出版実績と10の被引用があったと見なすべきか（分数カウント），著者一人一人に1回の出版実績と30の被引用実績とすべきか（整数カウント）。クラリベイト社の引用指標は，論文数も被引用数も整数カウントで行われている。

ルール4のアーティファクトは，分析の障害となるデータ，誤った分析結果を導くようなデータのことである。たとえば，著者名と著者の所属機関名の表記がよく問題となる。統廃合を繰り返す著者所属機関名は統合して前処理する必要がでてくる。著者名については，同姓同名をどうするか，なども問題である。こうしたアーティファクトを除くかどうか検討して分析に備えることが必要である。

次のルール5が，この10原則中で最も重要なルールである。ビブリオメトリクス分析において，「似たものどうし」を比べることが鉄則である。分野によって引用慣習が異なるため，異分野間の被引用数をそのまま比較することは意味をなさない。また同じ分野であっても，発行年の異なる論文の被引用数を比較することもあまり意味をなさない。同じドキュメントタイプ，同じ分野，同じ対象期間のように，条件設定を与え，似たものどうしとしたうえでの分析が望ましい。

ルール6の引用分析における絶対的数値とは以下のような数値である。

- 一定期間に出版された論文数
- 1年あたりの平均論文数
- トップジャーナルに発表した論文数
- 総被引用数

こうした上記の絶対的数値以外に同じく，次のような相対的指標をもって分析することを勧めている。

- 各種ベースラインとの比較

- 引用された論文と引用されなかった論文の割合
- その割合に関して当該分野の平均値との比較

ルール7の「複数の指標」も重要である。引用分析は，多面的な，複眼的な視点で見ることが求められる。多様な指標を集め，それらを総合的に解釈することにより，研究がもたらす影響の全体像を垣間見る。複数の指標を用いることは，単一の指標から誤った結論を導くことを防ぐための保険のようなものである。各指標はさまざまな側面から研究を語る。

ルール8は本章3.3で言及している。被引用データの分布の偏りについて認識する。JIF については，各ジャーナルの被引用分布図がある。JIF に貢献する被引用数を持つ論文はわずかであることを認識できる。

最後のルール9・10は，分析過程で得られた多くの結果が，相互に矛盾していないか再確認し，当初の分析の目的を鑑みて妥当かどうかを吟味せよとしている。どんなデータにも懐疑的であり，データから導かれた結論を，検討した結果棄却することもある。ビブリオメトリクスにおいても，定量分析は一見権威があり信頼できるように見えるが，全面的に頼ることは危険である。

しかし，限りなく複雑化する科学分野と，限られたリソースに直面しているとき，定量分析を利用する意義はある。研究に公平な評価を与え，閉鎖性の高いピアレビューから生じる誤りを防ぐためにも，統計データによって議論が活性化し，定量分析，定性分析のバランスのもとに，より多くの情報が提供されることが期待される。

なお，ペンドルベリーの10原則は，ライデン声明にも通じるものがあり，その後クラリベイト社の提供する，「メトリクスでなく，プロファイルを」の報告書にも繋がっている（7章参照）。

ここまで3章は，科学動向を見る手段として，引用データを見る時に知っておくべきことをまとめ，被引用分布の偏り，分野ごとの引用動向の違い，レビュー論文誌の見分け方，引用分析の心得について整理した。次章からは実践編として，JIF の根拠データを読み解いていく。

Ⅱ部

実践編

4章
ジャーナル・インパクトファクターのデータを読み解く

本章では，主に Journal Citation Reports（JCR）のジャーナル・インパクトファクター（Journal Impact Factor：JIF）関連の情報を詳細に見る。これにより，JIF は単なる数値ではなく，ジャーナルが他者からどう見られているか，分野の中でどういった位置にあるか，ジャーナル間の引用関係など，プロファイルとしてジャーナルの全体像を知ることに役立てられる。JIF はジャーナルの引用・被引用のパフォーマンスを深く掘り下げてみるときの，分析材料の主体になり得る。

最初に，ジャーナル・プロファイルで得られる情報を概観し，JIF の内訳情報の見方を考察し，JIF から見た特定分野の分析事例を紹介する。また，2020 年より加えられた早期公開論文の JIF へ関わりをまとめる。

4.1　ジャーナル・プロファイル情報

研究者や学会誌の編集者に，ぜひとも活用を薦めたい情報が，このジャーナル・プロファイルである。ここには，ジャーナルの現状を見せ，今後の学会誌向上に活かすべき情報がある。

ジャーナル・プロファイルは主要指標をまとめただけに見えるが，ダウンロードすると，表示されていない詳細データが入手できる。学術誌編集者などには，学術誌のヘルスチェックとして活用されたい。

JIF の内訳情報は，JIF の算出に使われた数値だけでなく，JIF の 5 年経年変化とそのジャーナルの属する分野における位置，JCR 年度の JIF に被引用数をもたらした貢献論文と貢献ジャーナルの内訳，JIF の被引用分布内訳など，

JIF のデータを読み解く材料が示されている。

ジャーナル・プロファイル上で得られる情報を以下に一覧としてまとめた。

各項目について，最新年の情報がデフォルトで表示される。ジャーナルの分析には，JCR 収録開始年からの全項目を一覧で視ることを推奨する（例：4-1表)。ここでは，各項目について，引用分析上注目すべき留意点をコメントした。

（1）ジャーナルの基本情報

- ジャーナル情報：ジャーナルについての基本的書誌情報，ジャーナル正式名，略誌名，出版者（社）情報，出版国／地域，オープンアクセス状況，発行頻度，出版言語，分野分類，JCR 収録開始年
  - 分野分類は，複数の分野にまたがる場合もある。
  - 出版国は出版社の所在地のある国で，学会誌の在る国でない場合があるので注意が必要。
  - オープンアクセス誌となった年が記録されている。
  - 略誌名は，ISO の略称[1]と JCR 略称。

（2）ジャーナルのパフォーマンスを視る

- JIF，自誌引用除く JIF，５年 JIF，および各算出内訳
- JIF 経年変化（4.2.1参照）
- JIF 四分位の経年変化（4.2.1参照）
- JIF の貢献論文と貢献ジャーナル（4.2.3参照）
- Journal Citation Indicator（JCI）（6.3参照）
- 総被引用数（Total Citations） 経年変化（直近５年，JCR1997年度。4.2.4参照）
- JIF 対象論文の被引用分布（4.2.5参照）
- オープンアクセス論文と被引用（4.2.6参照）
- JIF のランク経年変化と分野内ジャーナル数の対比内訳（4.2.1参照）
- JCI のランク経年変化と分野内ジャーナル数の対比内訳

（3）引用ネットワークを視る

- 被引用半減期データ，引用半減期データ

1：国際標準化機構 International Organization for Standardization の略称。

◦ どれだけ長く引用され続けるか，どれだけ新しい（古い）論文を引用しているか示す指標である（3.5参照）。

◦ ジャーナル間の引用関係を見る上で有効な情報である。当該ジャーナルが引用において，他のジャーナルとどんな関係にあるかがわかる。4-2表では，当該ジャーナルのいつ頃に出版したものが，**どんなジャーナルに引用されているか**がわかる。4-3表では，当該ジャーナルが，他の**どんなジャーナルを引用しているか**がわかる。

◦ 4-2・4-3表では，当該ジャーナルの自誌引用についてもわかる。

（4）コンテンツ指標

- ソースデータ：JCR 該当年の1年間に当該ジャーナルが出版した原著論文数およびレビュー論文数，それ以外の記事の3つについて，文献数とレファレンス数，平均レファレンス数をまとめたもの。
  - ◦ 原著論文とレビュー論文の割合を確認する。ジャーナルのタイトルだけではレビュー誌と判断できない場合に利用する（3.6参照）。
- JIF 平均パーセンタイル：各分野内における相対的な位置をパーセンタイルで示す。
- 被引用対象論文数のうち原著論文が占める割合（%Article in Citable Items）
- 論文出版する研究機関リスト：直近3年間に当該ジャーナルに論文出版した全研究機関リスト。
- 論文出版に貢献する国リスト：直近3年間に当該ジャーナルに論文出版した国。
- 即時被引用率（Immediacy Index）：JCR 該当年，JCR2020年版であれば，2020年に出版された当該ジャーナルの論文が引用された平均被引用率。どれくらい早く引用されたかを示す。
- その他の指標（6章参照）：（アイゲンファクター（Eigenfactor Score），正規化アイゲンファクター（Normalized Eigenfactor），論文影響スコア（Article Influence Score））

4-1表は，Science and Technology of Advanced Materials誌（STAM）の

4-1表　STAM誌のジャーナル・プロファイル主要指標2006～2020

出版年	年間総被引用数	JIF	自誌引用を除くJIF	5年JIF	即時被引用率	論文数	原著論文の割合	JIF平均パーセンタイル
2020	6,886	8.090	7.961	6.963	0.938	65	90.77	83.383
2019	5,650	5.866	5.382	5.406	1.149	87	74.71	80.096
2018	5,047	3.585	3.482	4.465	1.028	72	66.67	73.549
2017	4,520	4.787	4.702	4.258	0.671	85	82.35	82.281
2016	3,927	3.798	3.695	3.638	1.195	77	94.81	80.182
2015	3,392	3.433	3.339	3.846	0.627	110	71.82	80.258
2014	3,137	3.513	3.392	4.325	0.456	103	69.90	84.038
2013	2,714	2.613	2.524	3.870	0.299	77	89.61	79.482
2012	2,352	3.752	3.709	3.644	0.235	81	76.54	85.270
2011	2,057	3.513	3.365	2.772	0.149	87	77.01	84.698
2010	1,741	3.226	3.186	2.270	0.185	54	48.15	84.222
2009	1,565	2.599	2.387	1.908	0.339	56	69.64	83.411
2008	1,102	1.267	1.219	—	0.176	91	75.82	55.469
2007	898	1.270	1.240	—	0.149	101	92.08	61.842
2006	597	1.124	1.102	—	0.050	139	94.96	55.966

出典：JCR2020年版，クラリベイト

主要指標の経年変化を表す。STAM誌は，物質・材料研究機構が刊行するオープンアクセスジャーナルである。

各指標を並べて分析すると，STAM誌のさまざまな傾向がわかる。年間の総被引用数は10年間で4倍近く増加，JIFの値も2.5倍に伸びている。2018～2020年の即時被引用率（Immediacy Index）が高くなっているので，ここ数年，出版してすぐに引用される論文があることが推測される。

STAM誌の場合，年間被引用数，JIF，出版論文数に経時的変化は見られる

4-2表 2020年 STAM 誌がどのジャーナルから引用されたか（Cited Journal Data 2020）

順位	JIF	STAM 誌を引用するジャーナル	全年	2020	2019	2018	2017	2016	2015	2014	2013	2012	2011	2010年以前
		全てのジャーナル	6,886	61	602	652	590	322	828	484	294	313	326	2,414
		ジャーナル以外からの引用	574	6	50	42	42	25	85	36	24	23	23	218
1	3.623	MATERIALS	142	5	11	9	17	12	14	14	10	6	2	42
2	5.316	J ALLOY COMPD	121	0	6	16	13	6	7	9	8	4	6	46
3	9.229	ACS APPL MATER INTER	85	1	11	20	6	2	5	6	1	3	9	21
4	4.527	CERAM INT	78	0	1	4	4	1	3	6	8	2	3	46
5	5.076	NANOMATERIALS-BASEL	70	1	8	7	6	9	9	2	3	4	2	19
6	4.38	SCI REP-UK	57	1	3	5	5	4	7	5	3	4	4	16
7	8.09	SCI TECHNOL ADV MAT	54	2	16	4	11	1	0	3	2	1	3	11
8	6.707	APPL SURF SCI	54	0	4	4	4	5	3	7	4	3	4	16
9	7.328	MAT SCI ENG C-MATER	54	0	2	0	2	5	11	2	8	5	3	16
10	5.234	MAT SCI ENG A-STRUCT	52	1	1	4	11	2	0	1	10	1	2	19

出典：JCR2020年版，クラリベイト

4-3表 STAM 誌はどのジャーナルを引用したか（Citing Journal Data 2020）

順位	JIF	STAM 誌が引用するジャーナル	全年	2020	2019	2018	2017	2016	2015	2014	2013	2012	2011	2010年以前
		全てのジャーナル	4,071	118	379	400	370	296	266	270	223	204	192	1,353
		ジャーナル以外からの引用	695	21	64	55	33	42	45	39	34	23	31	308
1	30.849	ADV MATER	95	3	4	15	16	6	8	8	8	6	5	16
2	7.46	SENSOR ACTUAT B-CHEM	64	3	8	7	11	4	3	5	7	1	1	14
3	8.203	ACTA MATER	64	2	4	9	5	3	5	4	8	0	4	20
4	3.791	APPL PHYS LETT	60	0	0	3	3	4	2	10	1	7	5	25
5	5.316	J ALLOY COMPD	59	3	11	7	3	4	3	8	0	1	0	19
6	9.229	ACS APPL MATER INTER	58	3	9	15	9	10	3	3	3	2	1	0
7	47.728	SCIENCE	54	0	2	5	8	1	0	3	2	0	7	26
8	8.09	SCI TECHNOL ADV MAT	54	2	16	4	11	1	0	3	2	1	3	11
9	4.38	SCI REP-UK	49	1	4	7	11	13	7	3	3	0	0	0
10	15.419	J AM CHEM SOC	45	0	3	2	4	4	3	4	2	4	3	16

出典：JCR2020年版，クラリベイト

が，JIF 平均パーセンタイルは80％前後であるので，分野内のジャーナルの変化と同じペースで成長していることがわかる。

4-2・4-3表は，同STAM 誌のジャーナルがどんなジャーナルに引用されたか，どんなジャーナルを引用したか，について2020年に出版されたSTMA 誌の統計値を表している。

4-2表からは，STAM 誌の2019～2017年に出版されたものがよく引用されていることがわかる。2020年出版のジャーナルの中で，Materials 誌と Journal of Alloys and Compounds 誌が STAM 誌を引用するジャーナルとして上位にある。J Alloy Compod 誌は，4－3表にも出ているので，STAM 誌がよく引用するジャーナルでもある。

もう一つ注目したことは，STAM 誌が STAM 誌の論文を引用する（自誌引用）が少ない年であったようだ。2019年には STAM 誌の自誌引用は122件あったが，2020年には54件と，どちらの表においても，7位，8位と低めである。

▶コラム5

自誌引用（journal self-citation）

自誌引用とは，当該ジャーナルが，同じジャーナル内の論文を引用すること。自誌引用は，自然な引用行為として，どの分野にも，どのジャーナルにも一定の割合は存在する。

しかし，JIF の数値が高くなることを狙っている異常な引用行為が見受けられることがある。こうした引用の歪みを引き起こすタイプの一つがジャーナルの自誌引用である。JIF の算出年において，自誌以外からの引用と比べ，自誌引用の割合が異常に高いとき，同じ分野のジャーナルと比較して正常範囲を超えるときに抑制の調査を行うことがある。懸念を引き起こしているデータについて，「編集上の懸念表明」として公表している。JCR2020年版では，11誌が収録誌から外され，10誌に対して，懸念表明が編集より出された[2]。

2：“JCR Editorial Expression of Concern”. Journal Citation Reports Help. 2021. https://jcr.help.clarivate.com/Content/editorial-expression-concern.htm, (accessed 2022-08-04).

4.2　ジャーナル・インパクトファクターの内訳情報

4.2.1　ジャーナル・インパクトファクターの経年変化と四分位

JIFの経年変化において，JIFが年ごとに上下することは，あまり問題ではなく，数値に一喜一憂をする必要もない。JCR2020年版を例にとると，この年は早期公開論文（Early Access）が加えられた初年度なので，全体に被引用数が上がっている（早期公開論文については4.4参照）。

それに準じて，JIFの値も伸びているジャーナルは多いが，分野全体でJIFが上がっているので，相対的な分野での位置は変わらないジャーナルも多い。JIFの経年変化は，同じ分野の他のジャーナルと比較すると良い。

JIFの四分位はジャーナルが属する分野内での位置がわかる。そのジャーナルの分野内で，JIF順にジャーナルを並べた場合の，相対的な位置を示すのが，JIFの四分位（Quartile）であり，パーセンタイルで表されることもある。四分位は，Q1は上位25%，Q2は上位50%から25%，Q3は上位75%から50%，Q4は100%から75%と四段階で表す。

注目すべき点は，このJIF四分位やパーセンタイルは，分野を越えて比較に使える指標として見なせるので，近年比較研究に用いられることが多くなったことである。

4－1図は日本植物整理学会のPlant & Cell Physiology誌（PCP誌）のJIFの経年変化を示す。PCP誌は1959年から刊行されている国際誌で，61年目である2020年から冊子体をなくし，完全オンラインジャーナルとなった。PCP誌の2020年のJIFは4.927であった。この値は植物科学分野のジャーナルのうち上位10%に位置する。

PCP誌のJIFの値は棒グラフで，直近5年間に下がった年もあるが，分野の四分位でみると，相対的には植物科学の中での位置は変わらないが（上の折れ線），細胞生物学の中では下がっている（下の折れ線）。PCP誌は植物科学では安定したQ1ジャーナルである。

4－2図は1997年からの経年変化である。細胞生物学分野で JIF を拡大してきたジャーナルが増えて，相対的な位置が下がってきている。

注目すべきは，JIF の値は年々上がっているが，分野の相対的位置は，植物科学においては変わっていない。ジャーナルのパフォーマンスを分野状況に応じて評価する。2013年から2016年までは PCP 誌の細胞生物学における位置は

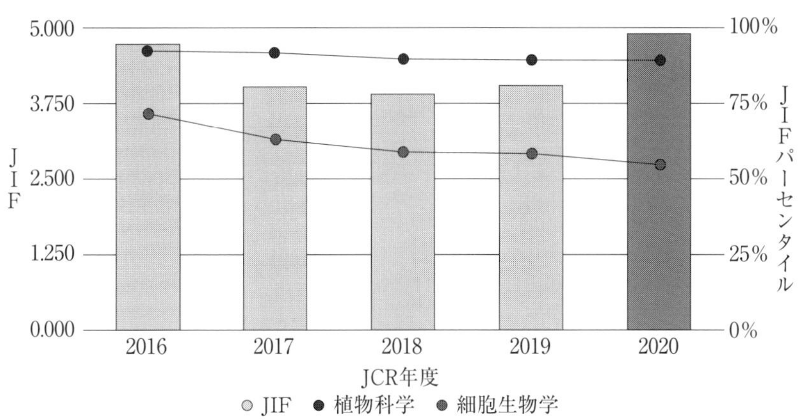

4－1図　PCP 誌の JIF5年経年変 (出典：JCR2020年版，クラリベイト)

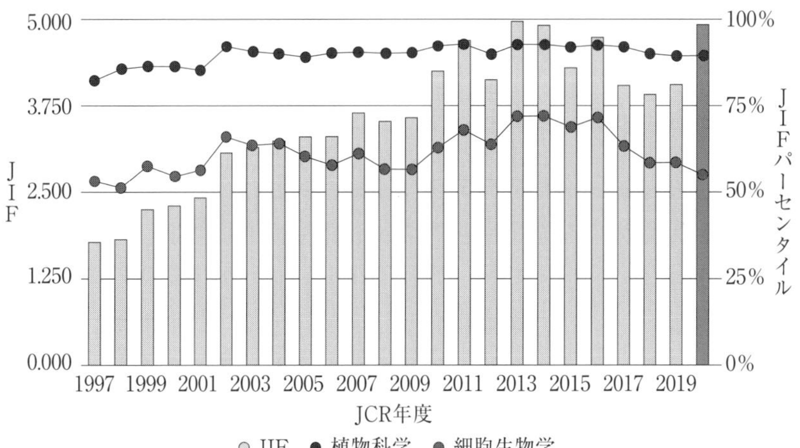

4－2図　PCP 誌の1997年からの JIF 経年変化 (出典：JCR2020年版，クラリベイト)

4-4表 PCP誌のJIFランク変化と細胞生物学分野内ジャーナル数対比

JCR年度	JIF順位	JIF四分位	JIFパーセンタイル
2020	88/195	Q2	55.13
2019	81/195	Q2	58.72
2018	80/193	Q2	58.81
2017	70/190	Q2	63.42
2016	54/190	Q2	71.84
2015	58/187	Q2	69.25
2014	52/184	Q2	72.01
2013	52/185	Q2	72.16
2012	67/185	Q2	64.05

出典：JCR2020年版，クラリベイト

高かった。

ここでどんな変化があったのであろうか。こういった順位に変化があったときは，先ずはジャーナル・プロファイルのランク経年変化内訳を確認する。分野内にジャーナル収録誌数に変化があったか，強力な新刊誌が登場したかを調べる。4-4表でみると細胞生物学分野では2013年から2017年にかけて5誌増えている。ほかにも外部要因として，この期間だけ細胞生物学の論文が急激に増加している傾向もWeb of Scienceで確認できた。このように，JIFの順位に与える外部要因による影響は年ごとにさまざまである。

一般的に，JIFが上がっても，同じ分野のジャーナル全体のJIFが上がっていることも多い。また，同じJIFを維持していても，分野全体が上がっていることも多いので，安穏としていられないのが学術誌の現状である。

4.2.2 ジャーナル・インパクトファクターの被引用内訳

次に，PCP誌のJIFの根拠となった被引用数の内訳をみる。PCP誌の2020

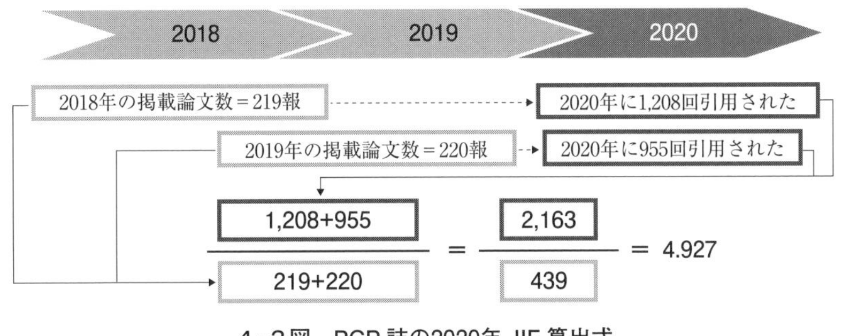

4-3図　PCP 誌の2020年 JIF 算出式

年 JIF の算出式は4-3図である。JIF の分母である原著論文・レビュー論文リストは（4-4図）は，それぞれの論文が何回引用されたか，貢献論文順に表出する。

PCP 誌の JIF 算出の分母である学術文献数（Citable Items）439報の被引用数とそれぞれがオープンアクセス論文であるか否かを示している。

これにより PCP 誌は439報のうち最多被引用上位10報のうち，4報が OA ゴールド，3報がレビュー論文であったことがわかった。ここでは紙面上，10件のリストになっているが，実際には439報全部リストの出力ができるので，全ての論文の被引用状況がわかる。

4.2.3 ジャーナル・インパクトファクターに貢献しているジャーナル

JIF の分子としてカウントする被引用数は，PCP 誌がどのようなジャーナルに引用されているか，JIF に貢献しているジャーナルを引用数順にリスト化している。4-2・4-3表でみたジャーナル間の関係と似ているが，本リストは JIF 算出時に貢献したジャーナルを示している。ここでも自誌引用がどれくらいの割合であるか確認できる。

4-5表は PCP 誌の2020年 JIF 算出時に，PCP 誌の論文を引用しているジャーナルリストの最多被引用上位10誌である。中国の Frontiers in Plant Science 誌とスイスの International Journal of Molecular Sciences 誌が上位2位で，自誌 PCP 誌よりも多い。こうして，どんな学術誌と交流があるのか，JIF

Citable items (439)	Citing Sources (411)
TITLE	CITATION COUNT
Salicylic Acid and Jasmonic Acid Pathways are Activated in Spatially Different Domains Around the Infection Site During Effector-Triggered Immunity in Arabidopsis thaliana	29
Iron Biofortification of Staple Crops: Lessons and Challenges in Plant Genetics	27
The Age of Coumarins in Plant-Microbe Interactions	26
ATTED-II in 2018: A Plant Coexpression Database Based on Investigation of the Statistical Property of the Mutual Rank Index	26
A Sodium Transporter HvHKT1;1 Confers Salt Tolerance in Barley via Regulating Tissue and Cell Ion Homeostasis	19
Stress-Inducible Galactinol Synthase of Chickpea (CaGolS) is Implicated in Heat and Oxidative Stress Tolerance Through Reducing Stress-Induced Excessive Reactive Oxygen Species	19
The WOX11-LBD16 Pathway Promotes Pluripotency Acquisition in Callus Cells During De Novo Shoot Regeneration in Tissue Culture	18
TFL1-Like Proteins in Rice Antagonize Rice FT-Like Protein in Inflorescence Development by Competition for Complex Formation with 14-3-3 and FD	17
In Concert: Orchestrated Changes in Carbohydrate Homeostasis Are Critical for Plant Abiotic Stress Tolerance	17
Using Transcriptome to Discover a Novel Melatonin-Induced Sodic Alkaline Stress Resistant Pathway in Solanum lycopersicum L.	17

4-4図 PCP誌の2020年 JIFの分母となった論文リストと被引用数の内訳
（出典：JCR2020年版，クラリベイト）

に貢献するジャーナルを確認できる。

4.2.4 総被引用数の経年変化

総被引用数（Total Citations）とは，あるジャーナルが，Web of Science のコンテンツに収録されるすべてのジャーナルから，JCR年度内に引用された数の合計である。4-5図によればPCP誌は1998～2005年，2006～2011年，2013～2017年と被引用数の伸び率が異なる。最近の2017～2020年では急激な被引用数の伸びがある。被引用数の推移を見る時は，属する分野全体の推移と比較分析すると，PCP誌独自の動向であるのか，分野のなかでの共通した動向であ

4-5表　PCP誌を引用するジャーナルタイトルとJIF分子被引用数の内訳

PCP誌を引用しているジャーナル名	引用数
FRONTIERS IN PLANT SCIENCE	171
INTERNATIONAL JOURNAL OF MOLECULAR SCIENCES	119
PLANT AND CELL PHYSIOLOGY	83
PLANTS-BASEL	75
PLANT PHYSIOLOGY	72
PLANT JOURNAL	71
JOURNAL OF EXPERIMENTAL BOTANY	62
NEW PHYTOLOGIST	58
PLANT SCIENCE	42
BMC PLANT BIOLOGY	42

出典：JCR2020年版，クラリベイト

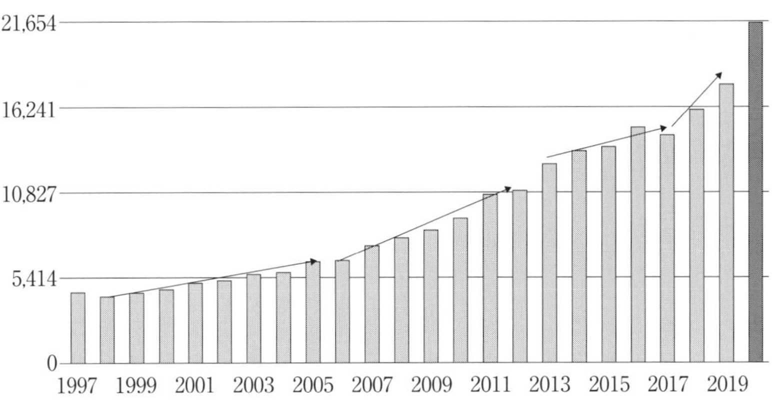

4-5図　PCP誌の総被引用数の経年変化（出典：JCR2020年版，クラリベイト）

るのかがわかる。

4.2.5 被引用分布（Citation Distribution）

被引用分布は，その年または２年前に出版された文献が，JCR 年度に引用された頻度を示す。JIF の分子となった被引用数すべてを対象とする。原著論文（Article），レビュー論文（Review），その他（Others）のそれぞれの記事が何回引用されたか，被引用数を横軸にまとめられている。

4-6図では，PCP 誌の2020年 JIF における被引用分布を表す。2020年の「原著論文被引用中央値（Article Citation Median）」は４，同じく「レビュー論文被引用中央値（Review Citation Median）」は６で，整数値として示される。4-6図で「その他（Others）」に含まれる記事は，巻頭言，論説，その他エディトリアル，ニュースなどの非学術的記事への引用である。

4-4図で上位となっている論文および被引用数も4-6図で確認できるはずである。ここでは，最多被引用数の論文は僅かな数として右端に表出している。

PCP 誌の2020年 JIF に関与しなかった被引用ゼロ論文は，原著論文20報，レビュー論文２報，その他記事28報であった。

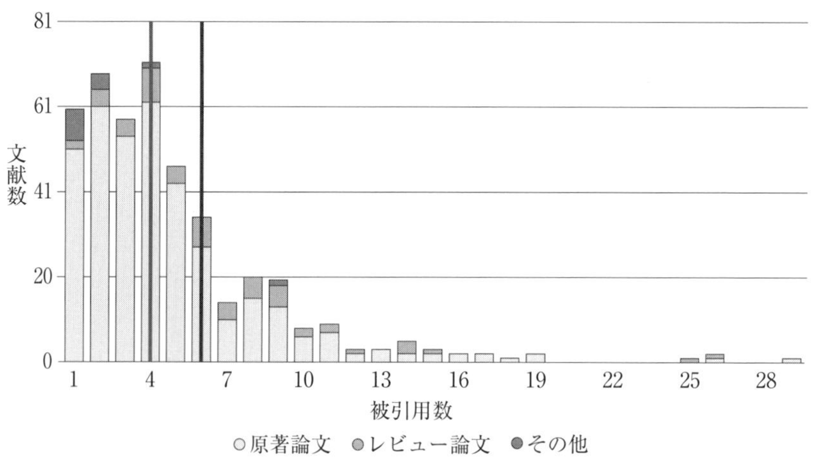

4-6図 PCP 誌の2020JIF における被引用分布（出典：JCR2020年版，クラリベイト）

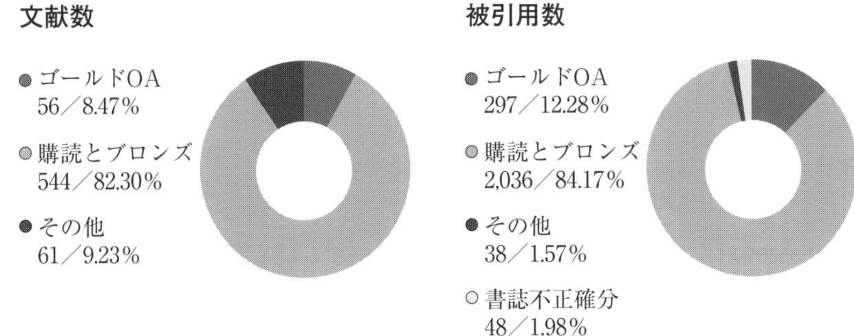

4-7図　PCP誌の2020JIFにおけるオープンアクセス論文の影響度

4.2.6 オープンアクセス論文の影響度をみる

オープンアクセス論文（OA論文）がJIFに与える影響をジャーナルごとに見る事例が4-7図右である。PCP誌の2018～2020年のゴールドOA論文[3]への引用は，総被引用数297回で，全体の12.28%を占める。

OA論文に引用の優位性があるか調査した結果，年齢や分野を考慮したうえで，OA論文は平均より18%多く引用されたことが報告されている[4]。

4-7図左は，JCRデータ年度および過去2年間にジャーナルに発表された記事数である。例えば，2020年版のJCRデータでは，2018～2020年に出版された記事を出版モデルに応じてカウントしている。右図はこれらの項目に対する2020年の引用が示されている。

3：ゴールドOAとは，出版社の運営するサイトにおいて，論文掲載料を支払うことで，誰もが論文にアクセスできるように，論文をオープンアクセス出版すること。

4：Piwowar, H. et. al. The stage of OA: a large-scale analysis of the prevalence and impact of Open Access articles. PeerJ. 2018, vol.6, e4375, https://doi.org/10.7717/peerj.4375, (accessed 2022-08-04).

4.3 ジャーナル・インパクトファクターによる特定分野の分析事例

4章のここまでは，個々のジャーナルについての指標の見方を考察した。ここからは，分野全体を俯瞰する事例の分析を試みたい。個々のジャーナルが指標において増減したときに，それは属する分野の動向と同じであるかどうかを確認することは欠かせない。

分野を俯瞰するときの分析目的とされる例を挙げる。

①分野ごとのグローバルな研究コミュニティで新しく興隆してきている動きを把握する

②創刊ジャーナルの動向を知り，分野全体にインパクトがあるかを確認する

③新しい融合領域での研究に有用となるジャーナル群を俯瞰する

次に，免疫学，材料科学，地球惑星科学の３つの分野について，JIF 他これまでに言及した指標を用いて，分野の動向を把握する事例を挙げる。

4.3.1 免疫学分野の主要誌の動向

免疫学分野は，臨床医学分野（Clinical Medicine）の一つである。非常に引用の盛んな分野である（4-6～4-8表）。

新型コロナ感染症の研究発表で臨床医学分野の論文数は急激に増えている。免疫学分野の論文数はJCR2020年度25％増しで，被引用数は32％増しである。

4-6表 免疫学分野の概要

分野	JCR 年度	ジャーナル数	論文数	被引用数	JIF 分野中央値	JIF 分野平均	即時被引用率	分野被引用半減期
免疫学	2020	162	31,086	1,849,042	4.271	5.742	2.866	7.2
	2019	159	24,702	1,401,160	3.368	4.589	1.202	7.7
	2018	158	26,185	1,355,210	3.197	4.470	1.112	7.6

出典：JCR2020年版，クラリベイト

4-7表　免疫学分野162誌中　被引用数上位10誌

ジャーナル名	総被引用数	2020 JIF	JIF 四分位	OA ゴールド率	即時被引用率	論文数	被引用半減期
JOURNAL OF IMMUNOLOGY	127,940	4.718	Q2	3.36%	1.125	713	18.3
CLINICAL INFECTIOUS DISEASES	64,031	9.055	Q1	21.61%	3.161	541	8.2
JOURNAL OF EXPERIMENTAL MEDICINE	63,983	10.892	Q1	66.94%	3.262	191	13.1
JOURNAL OF ALLERGY AND CLINICAL IMMUNOLOGY	51,978	14.110	Q1	14.67%	2.944	534	7.2
IMMUNITY	51,051	21.522	Q1	11.11%	4.742	159	6.8
INFECTION AND IMMUNITY	46,129	3.160	Q3	13.40%	0.836	330	14.3
JOURNAL OF INFECTIOUS DISEASES	45,452	5.045	Q1	19.33%	1.615	532	9.6
NATURE IMMUNOLOGY	44,298	23.530	Q1	0.00%	4.948	116	8.0
NATURE REVIEWS IMMUNOLOGY	41,499	44.019	Q1	0.00%	12.481	52	7.9
VACCINE	40,222	3.269	Q2	26.60%	0.801	1,037	3.1

出典：JCR2020年版，クラリベイト

4-8表　免疫学分野の JIF 上位10誌　2010，2015，2020年

ジャーナル名	2020 JIF	ジャーナル名	2015 JIF	ジャーナル名	2010 JIF
NATURE REVIEWS IMMUNOLOGY	53.106	NATURE REVIEWS IMMUNOLOGY	39.416	Annual Review of Immunology	49.271
IMMUNITY	31.745	Annual Review of Immunology	35.543	NATURE REVIEWS IMMUNOLOGY	35.196
Annual Review of Immunology	28.527	IMMUNITY	24.082	NATURE IMMUNOLOGY	25.668
NATURE IMMUNOLOGY	25.606	NATURE IMMUNOLOGY	19.381	IMMUNITY	24.221
Science Immunology	17.727	JOURNAL OF ALLERGY AND CLINICAL IMMUNOLOGY	12.485	JOURNAL OF EXPERIMENTAL MEDICINE	14.776
TRENDS IN IMMUNOLOGY	16.687	TRENDS IN IMMUNOLOGY	11.433	IMMUNOLOGICAL REVIEWS	13.462
JOURNAL OF EXPERIMENTAL MEDICINE	14.307	JOURNAL OF EXPERIMENTAL MEDICINE	11.240	CURRENT OPINION IN IMMUNOLOGY	10.141
Journal for ImmunoTherapy of Cancer	13.751	IMMUNOLOGICAL REVIEWS	9.542	TRENDS IN IMMUNOLOGY	9.533
ALLERGY	13.146	CLINICAL INFECTIOUS DISEASES	8.736	JOURNAL OF ALLERGY AND CLINICAL IMMUNOLOGY	9.273
IMMUNOLOGICAL REVIEWS	12.988	AUTOIMMUNITY REVIEWS	8.490	SEMINARS IN IMMUNOLOGY	8.337

出典：JCR2020年版，クラリベイト

特に2020年に出版された論文が2020年度内すぐに引用された割合，即時被引用率（Immediacy index）が，前年の2.38倍であることは注目に値する（4-6表）。感染症の臨床研究論文が出版後すぐに引用されていることを表している。

免疫学分野の162誌中，総被引用数の上位10誌は，Q1以外のジャーナルも含む免疫学分野での主要誌を示す。JIF，OA ゴールド率，被引用半減期などそれぞれのジャーナルの特徴を見せる。

4-8表の免疫学分野の JIF 上位には，半分レビュー誌が占める中で，Cell 出版の Immunity 誌が原著論文誌のトップで，アメリカ科学振興協会（AAAS）の Science Immunology 誌が2018年から JCR に登場して健闘している。表中の網かけはレビュー誌を示す。

4.3.2 材料科学分野の主要誌の動向

材料科学分野は，2010・2015・2020年の比較で，ジャーナル数は5年ごとに20%以上増え，論文数は10年で2.8倍，被引用数は5倍に増進した。JIF の中央値も高くなり，2020年に出版されたばかりの論文が2020年に引用される即時被引用率も1.45と高くなっている（4-9表）。即時被引用率の増加は2020年から早期公開論文が加えられたことによる影響も考えられよう。

総被引用数の多い順に見ると，OA ゴールド率が10%前後のジャーナルが数誌ある。ジャーナルの性格として，Advanced Materials 誌などは，他のジャーナルよりも早く引用されている様子である（4-10表）。

この分野の2010・2015・2020年の JIF によるジャーナル上位10誌の表を見る

4-9表 材料科学分野の概要

分野	JCR 年度	ジャーナル数	論文数	被引用数	JIF 分野中央値	JIF 分野平均	即時被引用率	分野被引用半減期
材料科学	2020	336	151,197	6,125,275	3.322	5.931	1.459	5.3
	2015	271	85,782	2,561,259	1.642	3.984	0.887	5.4
	2010	225	54,102	1,204,523	1.100	2.795	0.556	5.3

出典：JCR2020年版，クラリベイト

4-10表　材料科学分野336誌中 被引用数上位10誌

ジャーナル名	2020 JIF	総被引用数	論文数	被引用半減期	OA ゴールド率	即時被引用率	JIF 四分位
ADVANCED MATERIALS	30.849	320,972	1,642	4.5	9.73%	6.532	Q1
Advanced Energy Materials	29.368	93,801	832	3.0	8.76%	5.888	Q1
ACS Energy Letters	23.101	30,194	425	2.6	10.54%	4.854	Q1
ADVANCED FUNCTIONAL MATERIALS	18.808	151,020	2,281	3.9	8.21%	3.907	Q1
Nano Energy	17.881	74,385	1,072	3.0	2.13%	4.105	Q1
Energy Storage Materials	17.789	17,077	509	1.8	1.66%	5.727	Q1
Advanced Science	16.806	27,067	786	2.4	99.71%	2.944	Q1
ACS Nano	15.881	195,525	1,542	5.4	9.35%	3.336	Q1
Small	13.281	77,926	1,256	3.9	7.10%	2.467	Q1
Journal of Materials Chemistry A	12.732	193,793	2,313	3.8	5.22%	2.392	Q1

出典：JCR2020年版，クラリベイト

4-11表　材料科学分野の JIF 上位10誌 2010，2015，2020年

ジャーナル略誌名	2020 JIF	ジャーナル略誌名	2015 JIF	ジャーナル略誌名	2020 JIF
NAT REV MATER	66.308	NAT MATER	38.891	NAT NANOTECHNOL	30.324
NAT ENERGY	60.858	NAT NANOTECHNOL	35.267	NAT MATER	29.920
NAT MATER	43.841	PROG MATER SCI	31.083	MAT SCI ENG R	19.750
JOULE	41.248	MAT SCI ENG R	24.652	PROG MATER SCI	16.658
PROG MATER SCI	39.580	ADV MATER	18.960	NANO LETT	12.219
NAT NANOTECHNOL	39.213	MATER TODAY	17.793	NANO TODAY	11.750
MAT SCI ENG R	36.214	ADV ENERGY MATER	15.230	ADV MATER	10.880
MATER TODAY	31.041	NANO LETT	13.779	ANNU REV MATER RES	10.333
ADV MATER	30.849	ACS NANO	13.334	ACS NANO	9.865
ADV ENERGY MATER	29.368	NANO TODAY	13.157	ADV FUNCT MATER	8.508

出典：JCR2020年版，クラリベイト

と（4-11表），５年の間に数誌が入れ替わっていることがわかる。また，分野全体でJIFが上がっている。2015年にJIFの付与されたジャーナルは225誌であったのに対し，2020年には338誌と100誌以上増えている。材料科学分野は，中国が科学振興において最初に1990年代より力を入れている分野なので，研究者数，ジャーナル数においても変化が大きく見られる分野だ。

4.3.3 地球惑星科学分野の主要誌の動向

地球惑星科学分野は，2010・2015・2020年の比較で，ジャーナル数の伸びは10％前後であるのに対し，論文数は10年で２倍以上，被引用数も３倍近く大きく伸びている。2020年の即時被引用率は2015年より75％伸びている（4-12表）。

この分野の2010・2015・2020年の JIF 上位10誌を比較した（4-13表）。Nature Geoscience 誌やレビュー誌が上位を占める。５年でずいぶん顔ぶれが異なる。Earth System Science Data 誌は2015年から JCR で収録が始まったドイツの OA ジャーナルである。欧米の著者が多く，日本の研究機関の貢献は14位であった。こうして上位10誌だけを比較して最近の分野動向の変化を掴むことができる。

4.4 早期公開論文のジャーナル・インパクトファクターへの影響

2020年版の JIF より早期公開論文が算出の対象となった。これにより，2021・2022年と分野によっては，JIF に多少のインパクトがある。

論文をオンライン公開している学術誌の中では，予定された巻や号として正式に収録される前に早期公開（Early Access）する論文が増えている。これに相当するものには“Article in Press”とか，“Online First”“Published Ahead of Print”などと呼ばれる扱いの場合もある。こうした早期公開論文は，

4-12表 地球惑星科学分野の概要

分野	JCR年度	ジャーナル数	論文数	被引用数	JIF 分野中央値	JIF 分野平均	即時被引用率	分野被引用半減期
地球惑星科学	2020	200	37,390	1,495,943	2.716	3.785	1.028	7.9
	2015	184	23,207	894,708	1.659	2.631	0.587	8.7
	2010	167	18,026	555,465	1.278	2.164	0.534	8.1

出典：JCR2020年版，クラリベイト

4-13表 地球惑星科学分野のJIF上位10誌 2010, 2015, 2020年

ジャーナル名	2020 JIF	ジャーナル名	2015 JIF	ジャーナル名	2010 JIF
Nature Geoscience	16.908	Nature Geoscience	12.508	Nature Geoscience	10.392
Annual Review of Earth and Planetary Sciences	12.810	GONDWANA RESEARCH	8.743	Annual Review of Earth and Planetary Sciences	8.048
EARTH-SCIENCE REVIEWS	12.413	Earth System Science Data	8.286	EARTH-SCIENCE REVIEWS	5.833
Earth System Science Data	11.333	Annual Review of Earth and Planetary Sciences	7.810	GONDWANA RESEARCH	5.503
ISPRS JOURNAL OF PHOTOGRAMMETRY AND REMOTE SENSING	8.979	EARTH-SCIENCE REVIEWS	6.991	GLOBAL BIOGEOCHEMICAL CYCLES	5.263
Earths Future	7.495	Earths Future	5.620	QUATERNARY SCIENCE REVIEWS	4.657
Advances in Geophysics	7.333	Cryosphere	4.906	PRECAMBRIAN RESEARCH	4.116
Geoscience Frontiers	6.853	Advances in Geophysics	4.600	PALEOCEANOGRAPHY	4.030
INTERNATIONAL JOURNAL OF COAL GEOLOGY	6.806	Earth System Dynamics	4.589	Cryosphere	3.641
ENGINEERING GEOLOGY	6.755	QUATERNARY SCIENCE REVIEWS	4.521	GEOLOGICAL SOCIETY OF AMERICA BULLETIN	3.637

出典：JCR2020年版，クラリベイト

巻・号・ページ数を割り当てる以外に変更はなく，同じDOI（Digital Object Identifier）[5]が維持される。

クラリベイト社が2020年に至るまで早期公開論文をJIFの算出対象に入れなかった理由は，“出版者が最終版として「出版済み」と正式に宣言するもののみを収録する”というこだわりを持ってきたことによる。2020年版JIFからの変更は，早期公開論文が早期に引用され，与えるインパクトはタイムリーに認知すべきであり，早期公開論文自体が最終版に近いものも多くなったためである。

同社では，早期公開論文に新たな定義を与え「完成した巻／号に最終的に割り当てられる前にオンラインで公開された記録版コンテンツ」とした。したがって，最終版として，巻・号・ページ数などが割り当てられる前の，変更され

5：インターネット上にある電子化された学術誌や出版物に付与される，国際的なデジタルオブジェクト識別子。

ることのない記録バージョンで，変更されることのないDOIや早期公開日が明記されていることを認知条件としている。

この早期公開の出版年が2020年版JCRから採用されることは，JIFの算出方法にどんなインパクトを与えているか。論文の多くは，早期公開の出版日が最終出版日と同じ暦年内にある。しかしながら，少なからず，早期公開の出版日が最終出版日と異なる年のものもあるので，その場合は，早期公開の日付のみを使うこととしている。

例えば，早期公開日が2020年，最終出版日が2021年の論文からの引用は，2020年のJIFの分子には寄与するが，2021年のJIFには寄与しないということである。また同じこの論文は，2021年のJIFと2022年のJIFの分母に寄与するが，2023年のJIFには寄与しない。一方で，出版日が2021年の早期公開ではない論文からの引用は，2021年のJIFの分子に寄与し，2022年のJIFと2023年のJIFの分母に寄与する。

2020年JIF（2021年リリースのJCR）の計算式の分子には，以下のような早期公開関連の論文引用が含まれ，2020年データのみの過渡期的措置となっている。

- 早期公開年が2020年である論文
- 最終出版年が2020年で，早期公開年が2019年以前の早期公開論文
- 最終出版年が2020年で，早期公開でない通常論文

クラリベイト社は，2018年頃よりWeb of Scienceに早期公開論文収録を始めた。2020年末時点で，6,000誌以上のジャーナルの早期公開論文を収録した。この蓄積が進むにつれて，早期公開論文，それらの論文の引用をどう収録していくか，遡及型と見込み型の２つのモデルについて検討した[6]。

論文に“Version of Record”として版があるように，同一論文と見なすべき論文を「出版年」という概念の中で違う出版年として扱うためにどう定義付けていくか。JIFの算出は，一年間の出版を対象に編纂されているだけに，早

6：McVeigh, Marie. Adding Early Access content to Journal Citation Reports: choosing a prospective model. 2021. https://clarivate.com/blog/adding-early-access-content-to-journal-citation-reports-choosing-a-prospective-model/, (accessed 2022-08-04).

期公開論文の出版年で計算するか，その論文に巻・号・ページ数が割り当てられた最終出版日とするかが問題となった。

遡及型は，早期公開年を遡り，2017年以降に早期公開として受けとったすべての論文に適用される。これは，上記の2018年または2019年に早期公開論文があるジャーナルの2020年 JIF の分母に影響し，その JIF の数値と分野内のランキングの変化にかなりのインパクトを与えることがわかった。

見込み型は，2020年を最初の年として，早期公開日が2020年であるものを起点に始め，継続して翌年も新しいコンテンツを取り込んでいく。

どちらのモデルでも，2020年に早期公開として出版された論文が，たとえ2021年以降に巻・号・ページ数が割り当てられず最終出版日がずれ込んでも，2020年の JIF 分子，被引用数を寄与する論文になりうる。したがって，2020年 JIF 分子に寄与する論文数と総被引用数が拡大した。その拡大率は，JIF の付与されている学術誌の平均として，28～48％増しであった。

検討した結果，クラリベイト社は見込み型を選択した。遡及型ではジャーナル自体の引用や出版力学の変化によるのでなく，同社が早期公開論文を受け入れた時期如何で，異なる影響を受けるジャーナルの２つの集団が生じるためである。すべてのジャーナルに引用のメリットを与える一方で，一部のジャーナルにカウント上の不利を課すことは，不適切なアプローチとなるため，遡及型を避けた。

早期公開論文は一般に，その文献を早期公開年に応じてカウントすると JIF 年への引用が多くなるため，今後の2021年以降順次，早期公開論文を継続的に取り込むことで，引用数へのアドバンテージが継続的に得られると考えての対応であった。

４-14表，４-８図のように，2020年版の JIF 算出では，分母に変更はないが，分子側に早期公開論文の影響があった。2021年版データ，2022年版データでは，分母に影響があり，2023年版データから通常モードとなる予定である。

４章からは実務編として，ジャーナル・プロファイルの各項目をどう読み解くか，詳細に見てきた。後半では特定分野の主要誌の動向調査を試行した。Web of Science および JCR の分野は254分野（2022年４月現在）である。ぜひ注

4-14表 JCR2020年度の早期公開論文とJIF算出式との関係[7]

引用される文献			引用する文献		
早期公開年	最終出版年	JIF 分母	早期公開年	最終出版年	JIF 分子
2020	2021	入らない	2020	2021	入らない
2019	2020	入らない	2019	2020	入らない
2018	2019	入る	2018	2019	入る
2017	2018	入る	2017	2018	入る

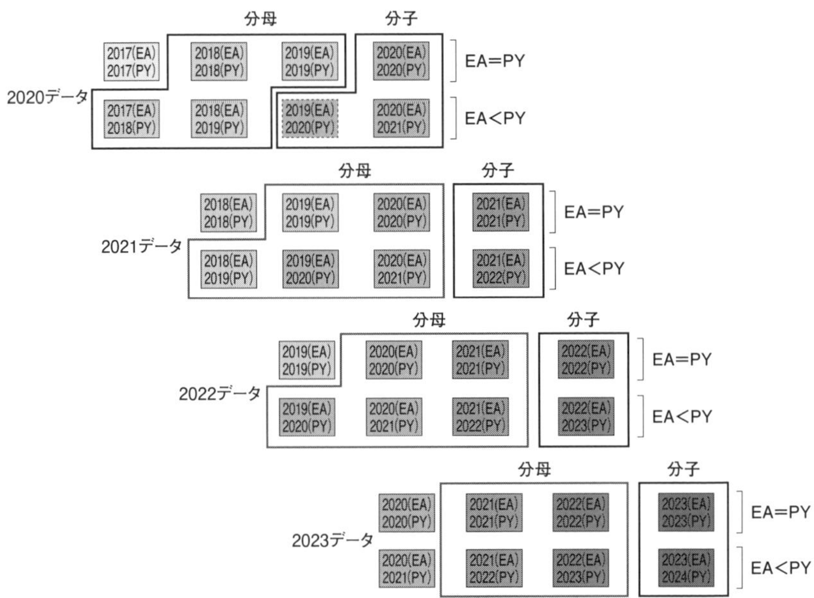

4-8図 JIFへの早期公開論文のインパクト[8]

7：“Adding Early Access content to Journal Citation Reports: Choosing a prospective model”. Clarivate. 2021. https://clarivate.com/webofsciencegroup/wp-content/uploads/sites/2/dlm_uploads/2021/01/EA-in-JCR3-discussion-paper-1.pdf, (accessed 2022-08-04).

8：“Journal Citation Reports™: Reference Guide”. Clarivate. https://clarivate.com/wp-content/uploads/dlm_uploads/2022/06/JCR-2022-Reference-Guide.pdf, (accessed 2022-08-04).

目するジャーナルや分野で分析を試みて，学術誌の現状と動向の把握に役立てていただきたい。

次章は，学術誌編集からみたJIFを考察する。

5章

学術誌編集と
ジャーナル・インパクトファクター

「学会誌にジャーナル・インパクトファクター（JIF）を取得したいが，どうすればよいか？」「JIF を向上するために何ができるか？」学会誌編集者からよく尋ねられてきた。どちらの問いに対しても，対象学会誌が世界からどう見られているか，分野の中でどんな位置にあるか，そうした現状把握の常時更新が重要である。学会誌の編集と運営において，海外誌動向，大手出版社動向を常にモニターし，学会誌編集委員会での経営戦略が問われる時代である。

日本から世界への研究成果発信，海外の研究者をいかに巻き込むか，その土壌を学会誌で作っていくことができるか。編集委員会だけでなく，その学会誌に関わるステークホルダー，読者であり著者である研究者を巻き込んで，学会が目指すところに，学会誌の役割を常に最適化していくことになる。

学会編集者および研究者が JIF とどう付き合っていくとよいかを考えると，必然的に世界規模での研究コミュニティにおける学会誌のあり方を求めることになる。

本章の前半では，JIF を付与するジャーナル選択基準[1]を，編集者側として考察する。それぞれの選択基準がすべて揃わないと国際誌ではない，と言っているのではない。標準的な国際誌としての使命を果たすには，JIF 査定基準において何が求められているか，その要件をまとめた。

JIF 獲得や，JIF の向上を目標に掲げても良いが，その数値を上げることに

1：選択基準は，クラリベイト社の以下の Web ページで公開されている。
https://clarivate.com/products/scientific-and-academic-research/research-discovery-and-workflow-solutions/web-of-science/core-collection/editorial-selection-process/

終始することは，本末転倒である。本章後半では，日本の学会誌の現状を，他の非英語圏ジャーナルを発信する国々と比較して実態を探る。また，学会誌に求められていることは何かを再考する。日本の学会誌が，欧米誌と肩を並べるために，欧米誌が当たり前にしていることで，日本の学会誌がそれほど気にしていないことなどにも着目しながら，日本の学会誌の地位向上，コンテンツ向上につながるヒントを探っていきたい。

5.1　学術誌編集者にとってのジャーナル・インパクトファクター審査要件

Web of Scienceの編集者も各分野で創刊されるジャーナルについて情報を収集している。創刊前から分野で注目され，話題になっているジャーナルは，創刊時からWeb of Scienceに収録されることもある。しかし，多くのジャーナルは，まずはESCI（Essential Source Citation Index）への収録が決まり，このコンテンツに収録される中で引用・被引用データが集積される。そして，創刊三年目くらいからJIFが付与されるといった順を追うジャーナルもある。その場合も，基本的にはこの章で述べる基準を順次クリアしたものが選ばれている。

ここでは，2章のジャーナル査定の基準に対し，それぞれの査定ポイントでは，どんな視点でその選択基準ができているかを解説する。

5.1.1　ジャーナルの基本事項

第一ステージでは，査定対象のジャーナルについて，出版者から提供された情報を基に，ジャーナルの基本事項を特定する。論文のフルテキストへのアクセスは確保できるか，ジャーナルの査読方針を把握し，査定のための情報をそろえるための照会先を確認する。

- **ISSN**：ジャーナルはISSNデータベース（https://portal.issn.org/）で検証可能となるISSNが必要である。印刷版と電子版の両方のISSNが存在する場合は，両方を提供する。
- **ジャーナルタイトル**：ジャーナルに定義されたスコープ，コンテンツ，および対象の研究コミュニティに適したタイトルが求められる。そのタイトルは，記事，ジャーナル，Web サイトレベルで，一貫して明確に表示されていることを見る。

- **ジャーナル出版者**：出版者名を明確にし，出版者の事務所の住所を明示することが求められる。
- **ジャーナルの URL**：電子版と印刷版の両方が利用可能な場合，ジャーナルの URL と最新のフルテキストおよびその他コンテンツへのアクセスを提供する。
- **コンテンツアクセス**：コンテンツのアクセスとは，「フルテキストが見られる」という意味ではなく，「コンテンツへの全アクセス権の提供」が必要である。すなわち，Web of Science 等のデータベースに搭載するために，Web of Science の編集者が，編集のために使用するアクセス権を提供する。
- **ピアレビューのポリシー**：ジャーナルは，掲載する論文の査読および編集上の監督に対してどのようなコミットメントがあるか，明確に示すことが求められる。ピアレビューのポリシーの記述がアクセスしやすいところに明記されると良い。
- **連絡先情報**：審査対象のジャーナルの主要な編集制作担当者の情報も，Web of Science 編集者からの連絡があるときのために詳細を提供する。

5.1.2　編集コンテンツ

第二ステージでは，編集コンテンツを見る。ここで「コンテンツ」とは，単なる論文編集における論文内容だけでなく，引用索引データベース作成のためのキュレーション対象となるすべてのコンテンツが対象である。下記に項目として挙げている Web サイトの機能なども含めキュレーションするので，「印刷体のジャーナルを索引化」していた時代から，「Web 上の資料収集をキュレーションする」作業が広がっていることを示している。

- **学術コンテンツ**：ジャーナルには主にオリジナルの学術資料が含まれることが求められる。報告された研究のレベルは，大学院生，ポスドク，専門的な研究者にとって適切なレベルであること。

- **英語の記事タイトルと記事の抄録**：出版されたコンテンツの本文の言語に関わらず，ジャーナルには正確で理解しやすい英語タイトルが付与されているかを見る。また，学術論文には抄録が必要で，英語翻訳されているかを見る。
- **書誌情報のローマ字表記**：参考文献，著者名，著者所属機関名などは，グローバルユーザーが迅速かつ正確な索引付けと理解を可能にするようローマ字をつけて出版されているかを見る。
- **言語の明晰性**：記事タイトル，抄録，および英語で示されているテキストは，グローバルのユーザーにとって明確で理解しやすいものであること。
- **適時性と出版のボリューム**：ジャーナルは決められた出版頻度，あるいは不定期・継続的な出版予定の下で運営されているか，明確に記述していることが求められる。ジャーナルが記載されたスケジュールに準拠しているかを見ることで，発表される学術論文の発行量が，その分野に適した範囲であることを期待されている。
- **Webサイトの機能性／ジャーナルフォーマット**：Webサイトの情報は正確で，そのサイトから，ジャーナルのコンテンツに簡単にアクセスできるか確かめる。情報アーキテクチャとナビゲーションシステムが，コンテンツとジャーナルを定義する全ての機能（編集委員会，著者への執筆要綱，査読，アクセスモデルなど）へのアクセスを保証しているかを見る。また，ジャーナルのWebサイトは出版者のWebサイトにしっかりリンクしていて，その逆も同様であると良い。
- **倫理に関する学会誌の方針の提示有無**：ジャーナルは，著者と出版物に対して，倫理的要件の透明性を求められる。ジャーナルが一つ以上の第三者機関の原則（世界医学雑誌編集者協会（WAME），出版倫理委員会（COPE），ヘルシンキ宣言など）を支持し，ガイドラインの全文を提示して，典拠を適切にクレジットするか，ガイドライン全文へのリンクを提供すると良い。
- **編集者所属詳細**：ジャーナルの編集委員会などの編集委員が誰であるの

かがわかり，連絡が取れるものであること。編集長，編集委員会メンバー，準編集者，地域編集者などの名前と所属機関（国・地域など）が必要である。編集委員会のメンバーの ResearcherID や ORCID などの永続的なデジタル識別子（DOI）や，機関プロフィールへのリンクを提供するのも良い。

- **著者所属機関の詳細**：すべての学術論文の著者は正確に特定される必要がある。そこで貢献した全ての著者，「責任著者（Contributing Authors）」の名前と所属機関の明記が求められる。著者の場合も，最近では，上記の DOI を提供することを著者に求めるジャーナルも増えている。

5.1.3 編集力の評価

編集委員会の能力を見る場合，どこまで編集委員会の構成が公開されているかがキーとなる。1人の著者が投稿対象として当該ジャーナルを調べるときに知りたいと思う編集体制が十分に公開されているか，調べたい内容に容易にアクセスできるか，情報の提供環境が試される。学会の Web サイトに学会誌関連の情報を載せ，学会誌のサイトから導くリンクは学会誌情報が一元化されていないので不十分な対応と見なされる。

- **編集委員会の構成**：編集者および編集委員会メンバーの所属，地理的多様性，これまでの研究業績など，ジャーナルの基本情報で規定しているスコープ（対象範囲）[2]および出版内容と一貫性があるかどうかを見る。また，編集委員会の規模と構成は，当該ジャーナルの論文量など，発信力の源とも考えられる。ジャーナル専任の専門編集者を雇用している場合は，しっかり記述してアピールすると良い。
- **公開ステートメントの妥当性**：ジャーナルにより出版されるコンテンツは，ジャーナルが宣言している方針を忠実に遵守しているかが問われる。またジャーナルの Web サイトに示されるすべての情報は正確かつ最新のものでなければならない。盗用，剽窃などに対しては，必要に応じて

2：学術誌の基本方針は通常「Aim & Scope」において，その目的と対象領域範囲を明確に記述している。スコープは，この Aim & Scope の意味で用いている。

対処する能力，疑わしいコンテンツや虚偽の主張については調査を行う能力があることを明確にすると良い。

- **ピアレビュー**：ジャーナルにより出版されるコンテンツは，適切かつ効果的な査読・編集上の監督力が反映していることが求められる。兆候は，ジャーナルのスコープ以外のものを採択するような活動はピアレビューが十分でないと判定する。また，無関係な引用が見られる場合もピアレビューの欠如とみる。
- **コンテンツの関連性**：ジャーナルにより出版されるコンテンツは，ジャーナルのタイトルとスコープに合致して一貫性があること。
- **研究助成金・補助金支援の詳細**：これはグラント情報と称されるもので，研究助成金，補助金支援が一般的で必要とされている分野では，資金源に関する適切な謝辞情報として Web of Science の採録コンテンツとなる。世界の助成機関が注目する情報なので，コンテンツとしてジャーナル中の論文に掲載されることが望ましい。
- **コミュニティの規定遵守**：ジャーナルの編集方針は，グローバルな出版関連団体，出版倫理委員会（COPE）や，オープンアクセス学術出版協会（OASPA），Directory of Open Access Journals（DOAJ），世界医学雑誌編集者協会（WAME）などが提唱している標準的出版慣行（ベストプラクティスの言い換え）を認識し，それに合致させた活動が求められる。また，研究コミュニティ内で，研究の原則などを定めている内外の学術団体の規定遵守も求められる。例えば，生物または化学命名法で定められている原則などがそれにあたる。
- **著者分布**：ジャーナルの著者は，ジャーナルが明記するスコープの関連学術コミュニティに参加していることを示す出版業績，所属機関，地理的多様性があるものと見なす。著者の世界的な広がりは，編集委員会の多様性，主題内容かつ地理的特徴と合致すべきだと考えられている。当該ジャーナルが国際的な投稿を受けるジャーナルであるとスコープに宣言しているならば，国際的な地域多様性を持たせることが求められる。
- **文献への適切な引用**：論文記事はその主題に関する文献に適切な謝辞を

示すことが期待される。

- **引用・被引用分析**：引用索引データベース，SCIE，SSCI，AHCIには，その分野で影響力のあるジャーナルを収録する。この3つの引用索引において，査定対象となるジャーナルがどのような引用，被引用をもった引用ネットワークがあるかを分析する。
- **著者の被引用分析**：おおよその著者は，Web of Scienceで調査して検索される出版履歴があることを期待されて調査される。著者の引用ネットワークとして，その分野のジャーナルへの引用があって然るべきと考えられている。
- **編集委員会メンバーの被引用分析**：おおよその編集委員は，Web of Scienceで調査して検索される出版履歴があることを期待され，編集委員の引用ネットワークが調査される。その分野のジャーナルに適切な引用・被引用があって然るべきと考えられている。
- **コンテンツの重要性**：ジャーナルの内容は，ジャーナルが意図する読者層およびWeb of Scienceのユーザー層にとって重要で，興味深く，価値のあるものと期待される。コンテンツの重要性は，独自の専門性，斬新な視点，地域的なフォーカス，珍しいコンテンツ，言い換えれば，Web of Scienceの収録内容を豊かにするコンテンツであるかどうかを見る。最後の本項目は，ジャーナルレベルの引用活動に反映するものではない。出版者は独自の主張でジャーナルの特長を記述紹介すると良い。

5.2 ジャーナル・インパクトファクター取得のための審査申請プロセス

2章で先述のとおり，JIF取得のためには，まずEmerging Source Citation Index（ESCI）に採用されることを目指す。ESCIに収録されると，随時行われているインパクトの審査を受けることになる。当該ジャーナルの被引用が伸びてくると，Web of Scienceの主要引用索引SCIE，SSCI，AHCIへの収録の是非を決める審査を自動的にうけることになる。ESCIに収録されるとJCR2022

年版よりJIFが付与されることになった。当該ジャーナルが，どのくらいの被引用度を高めつつあるか，Web of Scienceにより確認し，SCIE，SSCIへの収録を目指すと良い。

JIF審査の申請に際しては，Web上の「Master Journal List[3]」で，対象となるジャーナルを検索し，ESCIに収録されている場合があるので確認するとよい。ESCIに既に収録されている場合は，引用データが採録されているので，2023年6月リリース時よりJIFが付与される。ここに収録されていないことを確認し，JIF審査申請を進める。

JIF審査のための申請は，出版者ポータルサイトWeb of Science Publisher Portal[4]から行う。この出版者ポータルサイトへのアカウント登録を行い，ジャーナルについての基本事項を入力する。登録ができるのは，出版者（社）もしくはジャーナル編集長である。個々の編集者や編集委員会メンバーには権限はない。ジャーナル編集者で，評価のためにジャーナルを申請したい場合は，出版者に照会し，相談しながら行うと良い。査定評価のスピード，進捗はジャーナルごとに異なるが，本サイトで進捗は確認ができる。

5.3　投稿誌選択の勧め

学会において，投稿を促す活動，投稿誌選択の勧めを推進することは，地道な活動であるが，学会誌を盛り立てていくために，非常に重要な活動である。論文をできるだけ多く出版したい大手出版社の意向で，あるいは大型の研究者増加が起きた中国の影響もあって，その受け皿としてのジャーナルが2000年代には増加し続けた。そのため，偽のJIFをつけた粗悪ジャーナルのメールによる勧誘も増え，研究者にとっては，投稿先を選択する難しさが増している。

一方，若い研究者の方々には論文の投稿先は選んでいくべきものであるとい

3：Web of Science Master Journal List. https://mjl.clarivate.com/home,（accessed 2022-08-04）.

4：Web of Science Publisher Portal. https://clarivate.com/webofsciencegroup/support/wospublisherportal/,（accessed 2022-08-04）.

う認識はどれくらいあるだろうか。学術出版という国際ビジネスでしのぎを削る世界があることを知って，投稿するジャーナルを吟味し，評価してもらいたい。投稿先を選ぶ際には，海外の商業オンラインアクセスジャーナルを研究して，もっと貪欲に，戦略的に投稿先を選んでいく術が，分野ごとに知識として伝播することを期待したい。

今までに投稿したことのないジャーナルを投稿先に考えるには，学会誌の趣旨，読者層，採択率，JIF などを参考にする。

どのような国際誌が，どのような関心領域を持ち，どのような読者層を有するか。「医学教育」の分野には，日本から医学教育系国際誌への活発な投稿を推奨する事例がある[5]。「医学教育」誌の編集委員のメンバーが，JIF などを参考に主要国際誌を6つに絞り，日本の医療／教育機関に所属している筆頭著者の論文を抽出分析して，誌名ごとの日本人研究者による文献数，掲載区分別の掲載論文の傾向を調査して，各誌の投稿規定や国際誌調査論文を参照して解説している。

特に各専門医学領域で教育に焦点を当てた学術誌が発刊されていることに着目している。これは，急速な医学の発展と情報技術の進歩により，医学の学び様が変わり，時代に即した教育の在り方が世界規模で探索されている背景があることが考察されている。多くの研究者を抱える研究コミュニティから，融合分野やニッチな主題を扱う小規模なコミュニティなど多様化を余儀なくされつつ，ジャーナルは増え続けている。各分野の先人のアプローチを学びつつ，投稿誌を選ぶ術は，JIF のランキングからさらにその先を読む術にヒントがある。

5：松山泰．世界の医学教育誌の紹介と我が国の投稿状況．医学教育．2019，vol.50，no.6，p.545-549.

5.4　ジャーナル・インパクトファクター向上への ヒントを探る

日本の学会誌のJIFが低い理由は，世界規模での研究コミュニティの中での知名度や論文取得の難しさに由来することが多い。国内学会誌の目的が，若い研究者が博士号取得を支援する場合もある。国内学会において，世界に通用する国際誌を発行しながら同時に，なかなか欧米誌への投稿がままならない若い研究者が博士号取得できるように，国内学会誌という場が作られたという特殊な事情を持つ学会誌も多い。

学術雑誌が生まれて350年以上，学術雑誌は研究におけるコミュニケーションの中枢であった。学術誌が冊子体で出されていた時代，単体で存在し，それぞれが自己完結型であった。しかし現代の学術誌の制作は，単に投稿論文を集めて発行するだけではなく，オンラインで投稿管理し，オンライン上で購読・閲覧するコンテンツ・システムであり，協働システムである。

ここでいう協働システムとは，学術誌が，個々の著者または個々の編集者だけが作るものではなく，多くの利害関係者および利害関係者のグループが関わって作られる仕組みになったことをいう。

著者，査読者，編集委員会，編集者，出版社，読者が，一つの学術誌制作全体に関わっている。記事のコンテンツが送られ，評価され，校閲され，選択され，出版され，配布され，研究者の新たな発見を生み，消費されていく，という一連の協働プロセスによって成り立っている。加えて，学術誌はプラットフォームやデータベース等により一般化された構造に関わっていることで，簡単に置き換えることのできない仕組みに飲み込まれてしまっている現実をまずは再認識するべきである。

学会誌の編集者からの「JIFをあげるために何をすべきか」という問いには，欧米ジャーナルが行う経営戦略を参考にすることを勧めたい。編集者が，出版者（社）と共に，戦略的に実に細かく，学会誌の現状を分析し，次なる戦略を考えている。

「価値を重視する：ジャーナル出版社が行う102のこと」[6]には，学会誌編集における戦略的なアプローチのヒントが示される。ここまで考えるのか，というほどに細かいチェック項目がある。項目の例を挙げると，ジャーナルの立ち上げから，未来戦略計画，良い評判の確立と維持，編集者と査読者の募集と維持，など細かく102項目を挙げている。

このチェック項目によれば，ジャーナルの価値を上げる画策は，先述の協働プロセスによって成り立つ。ジャーナル制作において，著者，査読者，編集委員会，編集者，出版社，読者，それぞれの価値に主眼が置かれている。

確かに学会誌に関わるステークホルダーが多くなったので，出版戦略を考える大手出版社はあれやこれや102以上の項目を攻めている。人手の限られる日本の学会へは，シンプルに学術誌向上のため注力すべき四つを挙げたい。

①学会誌の比類なき特徴（Character）をつくる，②学会誌のコンテンツ（Contents）形成における査読を充実させる，③学会誌の意図する研究コミュニティ（Community）をつくる，④学会誌の継続性，持続性（Continuity）を可能にする，の４つのＣである[7]。

ジャーナルの「キャラクター」は，出版者，編集者，編集委員会が，それぞれにやり取りする中で生まれてくる。この三者で，対象となる研究コミュニティが求めるジャーナルのビジョンを決定し，トピックへの貢献やコミュニティのニーズの実現を図る。

ジャーナルの「コンテンツ」は，そのジャーナルのキュレーションのプロセスと，論文出版する投稿論文へのキュレーションの影響力によって決まる。コンテンツは，論文の出版に始まるのではなく，論文の投稿を原点とみるべきであり，重要視すべきは査読のプロセスである。

6：Anderson, Kent. Focusing on Value-102 Things Journal Publishers Do (2018 Update). The Scholary Kitchen. 2018. https://scholarlykitchen.sspnet.org/2018/02/06/focusing-value-102-things-journal-publishers-2018-update/, (accessed 2022-08-04).

7：Marie, Mcveigh. A journal as a journal does: Four emergent properties of journals in scholarly communication. Blog Clarivate. 2019-04-18. https://clarivate.com/blog/journal-journal-four-emergent-properties-journals-scholarly-communication/, (accessed 2022-08-04).

3つ目はジャーナルの「コミュニティ」のダイナミズムを生み出すことである。論文が意図した読者に届くこと，ジャーナル内外のコミュニティで，“ジャーナルに期待する”“ジャーナルが期待する”コミュニケーションが生み出されているのか。論文が読者に届くことで，ジャーナルの質の高さや内容への信頼感が生まれ，引用のネットワークが生まれる。

最後となるジャーナルの「コンティニュティ」（持続性）は，学会誌が何年にもわたって，それ自体が存在感のあるキャラクター，コンテンツ，および研究コミュニティの特性を持ち続けることを可能にすることである。

JIF の査定は，クラリベイト社の欧米編集者が行うので，欧米での学会誌編集において求められている学会誌戦略を概観した。次節では，日本の国内インパクトファクター保有誌の現状を概観する。

5.5 ジャーナル・インパクトファクターに見る国内学会誌の現況

日本の学協会誌の Web of Science での収録状況を見てみよう。JCR2020年版によると JIF の付与された学会誌は248誌である。JIF の四分位でみると，5-1表となる。JIF の四分位とは，当該ジャーナルの属する分野の全ジャーナルを JIF 順に並べたときの，上位25%が Q1で Q2は上位50%，Q3は75%，Q4は残りの100%までである。分野内でのジャーナルの相対的な位置を知ることができ，標準化されているので，分野間の比較にも用いられる。Q1ジャーナルは，その分野のトップジャーナルを示すことが多い。

次に，非英語圏発のジャーナルと比較する[8]。非英語圏においては，工学などエンジニアを抱える研究コミュニティでは，ジャーナル出版を母国語と英語で行うことに苦労が伴う。母国語主体のジャーナルで，JIF 付与されているジャーナルは，レファレンスに母国語英語併記型のものが多い。JIF 付き和文ジャーナル（英語併記も含む）は13誌，中国語ジャーナルは17誌ある。

8：棚橋佳子ほか．日本の学協会ジャーナル出版の現状：プレゼンス向上のヒント．情報の科学と技術．2019，vol.69，no.11，p.535-541.

5-1表 日本の学会誌2020版 JIF の四分位状況

出版年	2020
Q1	21
Q2	41
Q3	81
Q4	105
総ジャーナル数	248

出典：JCR2020年版，クラリベイト

5-2表 Web of Science における各国発ジャーナル収録状況

Web of Science	日本	中国	韓国	フランス
SCIE（自然科学）	239	216	114	174
SSCI（社会科学）	10	8	11	20
AHCI（人文科学）	5	4	7	63
ESCI（全分野，JIF なし）	93	92	143	127

出典：Web of Science，2019年6月30日，クラリベイト

次に，JIF の四分位で経年変化を表したものが5-1図である。Q1ジャーナル数は日本・フランスでは横ばいであるが，中国・韓国は，ジャーナル数全体が伸びるとともに，Q1，Q2のジャーナルが直近10年で目覚ましく伸びている。

中国と韓国の自国初ジャーナルの健闘に拍車をかけている一つの要因はオンラインジャーナル発信である。論文の注目度と OA という観点では，論文を OA にすると被引用数が増えるという調査報告もされている[9]。そこで日中韓仏の JCR 収録誌における OA ジャーナル率を調べた（5-3表）。日本，フランス

9：Piwowar, H. et. al. The stage of OA: a large-scale analysis of the prevalence and impact of Open Access articles. PeerJ. 2018, vol.6, e4375, https://doi.org/10.7717/peerj.4375, (accessed 2022-08-04).

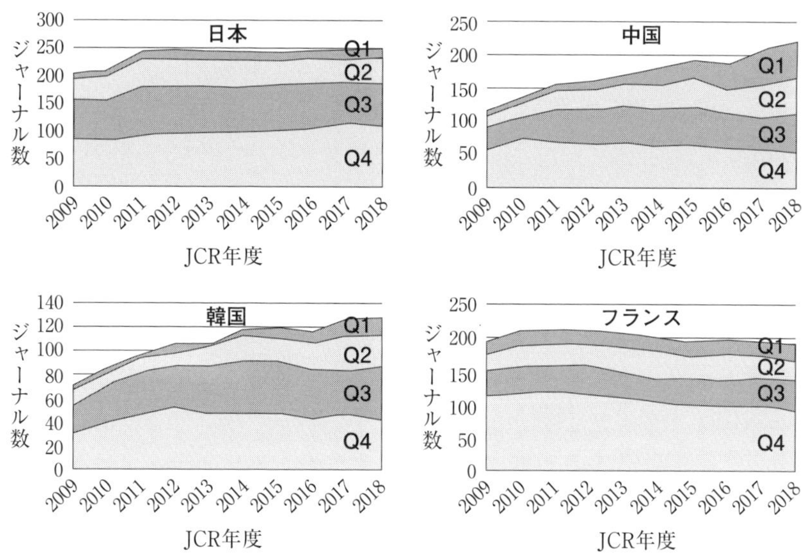

5−1図　非英語圏4か国のジャーナル数 JIF 四分位の経年変化

5−3表　各国発 OA ジャーナル数

	日本	中国	韓国	フランス
Q1	5(15)	23(54)	3(14)	4(24)
Q2	8(48)	17(53)	9(26)	2(28)
Q3	5(77)	8(58)	7(44)	7(44)
Q4	05(108)	5(54)	1(44)	3(89)
OA 誌数 (総ジャーナル数)	18(248)	53(219)	20(128)	16(185)

※2019年版 JCR 収録誌における OA ジャーナル数（2019年6月末）
※カッコ内は各階層における総ジャーナル数

は1割に満たず，韓国が1割強であったが，中国は2割を超す OA ジャーナル率を示した。

5.6 ジャーナル審査対象誌における課題

2015年末からESCI創刊に向けて，世界のジャーナルでWeb of Scienceに未収録であるジャーナルの大調査が行われ，2017年6月時点で，ESCI審査中もしくは，ESCI審査候補であった日本のジャーナルは248誌あった。しかし結果的にはその56%がESCIには収録されなかった。その内訳は，2017年6月時点で審査中が50誌，審査候補が198誌であり，2018年5月時点で審査中が21誌，審査候補が48誌，ESCIに収録されたジャーナルが39誌である。つまり140誌が何らかの理由で審査を通過しなかったことになる。その理由として，ジャーナルの基本情報に不足・不備があり，世界に向けて発信していることが認知されないという問題があった。どのようなポリシーのもと，どんな目的・スコープでジャーナルを作っているかが明示されていなかったり，「編集長は誰で，編集委員会の構成はどうなっているか」といった情報が英語で公開されていなかったりと，これらが重要な情報であると認識されていない点が見受けられた。また，コンタクト先情報，メールアドレスが公開されていなかったり，編集者・事務局に連絡しても返信がなかったりと，コミュニケーションについての問題も指摘された。さらに，学協会の情報が日本語で表示されるだけでジャーナル自身の情報が英語で掲載されておらず，海外の読者・投稿者がいることを意識したWebサイト作りがされていないという課題もあった。

編集面での課題もさまざまであった。投稿論文数が少なく，また日本国外からの投稿が少ない。そのため出版が遅れたり，不安定であったり，年間掲載論文数が少ない又は安定しない，というケースが少なくなかった。

また引用傾向を調査すると，日本のジャーナルに掲載されている論文であっても海外からの引用が多く，日本の研究者からの引用ゼロ論文率が高いという傾向も示された。国内におけるジャーナルのマーケティングという点にも改善点があるといえる。

J-STAGEを電子ジャーナルの発信プラットフォームとして利用している学会誌においては，そこに学協会Webサイトへのリンクが張られているだけで，

J-STAGE上に目的と対象範囲（Aim & Scope）等のジャーナル基本情報が掲載されていないジャーナルもあり，J-STAGEが電子ジャーナルのプラットフォームとして完結していないという問題があった。査読を実施していながら，査読誌であることを明記していない事例もあった。

さらにJ-STAGE上での更新が遅いことを重大な問題であると認識せず，冊子体発行からオンラインの更新までのタイムラグが大きいジャーナルもあった。

最初からすべての課題をクリアしていなくても，ここに挙げた課題を一つずつクリアしていけば，国際誌として認知されることになる。5.1で考察した査定項目も参考にされたい。

5.7　ジャーナル・インパクトファクター取得事例

本節ではJIFを取得したジャーナル2誌の事例を紹介しながら，プレゼンス向上のヒントを探る。

5.7.1　PEPS誌のESCI収録，そしてジャーナル・インパクトファクター取得へ

Progress in Earth and Planetary Science誌（PEPS誌）は日本地球惑星科学連合（JpGU）が運営し，参加51学協会と協力して発行する，査読付きOAジャーナルである[10]。Web of ScienceのSCIE収録誌であり，またDOAJ（Directory of Open Access Journal）収録誌でもある。

地球科学分野のジャーナル出版環境も変化する状況において，2014年，日本地球惑星科学連合は参加学協会と協力してオープンアクセスのPEPS誌を創刊した。2015年11月にはESCIでの収録が始まり，2017年11月には早くもSCIEに収載が決定し，2018年版JCRからJIFを取得した。

PEPS誌が短期間でJIFを取得することができた背景には，同誌のプレゼンス向上についての継続的な取り組みがある[11]。まず，地球惑星科学におけるト

10：Progress in Earth and Planetary Science. 2022-06-29. http://progearthplanetsci.org/, (accessed 2022-08-04).

ップジャーナルを目指す，というジャーナルとしての目標が明確であった。次に競合誌を知り，自誌を知るために，他国の同分野の役割・パフォーマンスを分析し，目標とするジャーナルを定めるとともに，自誌の伸長率を恒常的に計測することを怠らなかった。

さらに地球惑星科学分野から参加する50学協会（2022年4月1日現在）の連合としてジャーナルを運営し，宇宙惑星科学・大気水圏科学・地球人間圏科学・固体地球科学・地球生命科学の各サイエンスセクションが連携することで，関連分野における良質の論文を集約している。日本発の国際的競争力を持つジャーナルを作るという観点から大いに参考になる方法である。

また，新刊ジャーナルを世界に認知させるための活動もプレゼンス向上に貢献した。聞いたこともないジャーナルからの査読依頼であると，依頼を断ることはよく生じる。PEPS 誌も創刊当初は査読者を集めることに苦労があったという。しかし，メール配信サービスを用いたターゲットマーケティングを活用しながら，国内外の研究者からのサポートを積極的に集めた。

さらに米国・欧州における同分野の学会の推薦レターを得ることで，徐々にジャーナルタイトルの認知度が高まった。その結果，目標とするジャーナルの掲載論文から PEPS 誌掲載論文が引用される回数が増えてきた。

PEPS 誌は，地球惑星科学分野の研究者に「自分のキャリアをかける論文は PEPS に出したい」と選ばれるようなジャーナルを目指し，プレゼンスを更に向上する活動を行っている。

5. 7. 2 Journal of Oral Science 誌の事例：大学紀要から国際誌に

Journal of Oral Science 誌は日本大学歯学部が発行する英文誌で，1958年創刊の“The Dental Journal of Nihon University”がその前身である[12]。創刊の趣旨は，歯学における新知見，特に同大学大学院生の学位請求論文並びに各講座の業績を広く国内外に紹介することであった。

11：同誌編集委員へのインタビューに基づく，2018年5月。

12：Nihon University School of Dentistry. “Journal of Oral Science”. J-STAGE. https://www.jstage.jst.go.jp/browse/josnusd, (accessed 2022-08-04).

1959年，誌名を“The Journal of Nihon University School of Dentistry”に変更し，1998年，“Journal of Oral Science”へと更に改称した。2014年11月，SCIEに収録され，2015年版JCRにおいてJIFを取得した。

同誌は国際誌として発展するためにさまざまな施策を行ってきた[13]。ジャーナル名の変更は最も効果の現れた一つである。大学名や国名を含まないジャーナル名は，より一般的でシンプルである。ジャーナル名を見ただけで，世界中の国・地域からの投稿を受け付けている可能性を想定させ，多くの研究者の目にとまりやすい。

国際化という点で，編集委員会の委員に国外の研究者を積極的に登用している点も注目すべきである。またオンライン投稿・査読システムScholarOneを採用し，査読者選定作業や編集作業をより簡単に実施できる環境を整備した。投稿を検討している研究者にとって，よりなじみのある英語対応のオンライン投稿システムを使用していることは，投稿についての心理的なハードルを下げるという点で有効である。

なお，日本大学歯学部の研究成果を国内外に紹介するという創刊の趣旨は現在も受け継がれており，学内からの投稿も一定数あるが，言うまでもなく学外からの投稿と同等の質を求めて査読を実施しているとのことである。

ジャーナルのプレゼンス向上への取り組みとして，Journal of Oral Science誌も前出のPEPS誌同様，メール配信サービスを活用し，その存在を国内外にアピールしてきた。同誌はもともとPubMed収録誌であり海外からの投稿は一定数あったが，Web of Scienceに収録され，JIFを取得した後，欧米からの投稿数が増えた。

本節では，学会誌の国内外におけるプレゼンス向上に継続的に取り組んでいる2誌を紹介した。前節より，ESCI収録審査プロセスを通じて示された日本のジャーナルの課題の中には，世界に向けての発信力が十分でないことや，投稿論文数が少なく，出版が遅れがちであることなどがある。電子ジャーナル制作・発信においては，投稿・査読・発行までの工程がすべてオンラインで行わ

13：同誌編集委員へのインタビューに基づく，2018年5月。

れることが主流であるが，そうしたオンライン投稿システム等を利用していない学会誌もある。しかしながらオンライン投稿システムを利用することは，JIFを取得している学術誌のデファクトスタンダードになっている。それは現在の学術誌出版において，出版業績を示すトレンドは，今やあらゆる工程を統計によって詳らかにしているからである。投稿論文数を保ち，グローバルな視点で学術誌出版を行うには，新しい技術への対応，学術出版システムのトレンドを装備するだけのパワーが必要とされている。

▶コラム6

学術誌編集者のための JIF 舞台裏メモ

JIFを掲載するJCRは通常毎年6月に更新されて，新しいJIFが発表されるのであるが，毎年，年次発表の3ヶ月後頃に，最新データの「リロード」が行われる。この3ヶ月は，6月に発表した際に，統計に用いている被引用数や論文数など学術誌の編集者や利用者から見て調整が必要である場合のフィードバックを受け付ける期間である。これもJIFの透明性を高めるもので，JIFが欠落して，リストから外される決定となったことを不服として出版者から提供されたデータやデータコンテキスト情報を検討する機会となっている[14]。

本章では，学会誌編集者にとってのJIF審査要件を考察した。国際誌として求められる要件を維持し，世界規模の学術コミュニティでの学術誌の存在意義をアピールする。学会誌の在り方は，日本の学会そのものの活動に直結し，国際的なコミュニケーションの場にどう関わるか。

JIFは，一つの鏡ではあるけれど，目標ではない。

14：Quaderi, Nandita. “The JCR Reload and a look ahead to the introduction of early access content in 2021”. BLOG: ACADEMIA AND GOVERNMENT. 2020-10-26, https://clarivate.com/blog/the-jcr-reload-and-a-look-ahead-to-the-introduction-of-early-access-content-in-2021/, (accessed 2022-08-04).

6章

さまざまなジャーナル評価指標

ジャーナル出版を測る指標として，ジャーナル・インパクトファクター（JIF）以外にもいくつも発表されている。そうした指標は，その成り立ちから2つのグループに類型化ができる。

一つは引用の起源を調べて，そこから広がるコミュニティ内でのジャーナルの評判を測る指標で，これにはSCImago Journal Rank，Eigenfactor，Source Normalized Impact per Paper（SNIP）等がある。これらはGoogleのページランクと同様の原理で，ページ間のリンクによってWebページをランク付けする手法を使用している。

もう一つはJIF，CiteScore，SCImago Journal Rank，SNIPなどの特定の主題グループにおける引用の割合によって正規化することを目的とした指標である。JIFの四分位（Quartile）やJIFパーセンタイルがこれにあたる。本章では，各指標の成り立ちを概観する。

6.1 EigenfactorとArticle Influence Score

Eigenfactor（EF）は2007年，生物学者のカール・バーグストローム（Carl T. Bergstrom）ら研究グループが，ジャーナルの重要性の尺度としてJIFの代替指標になるようEFを開発したことに始まる。彼らが注目したのはGoogleのページランクのアルゴリズムである。Webのハイパーリンク機能は，どのWebサイトが重要で，どのWebサイトが重要でないかを明らかにする。すなわち，他の重要なWebサイトにリンクされているWebサイトは上位にランクされるという点に着目した。

ジャーナルの引用ネットワークをWebに例えると，ジャーナルがノード

(Web サイト) を表し，引用はリンク (ハイパーリンク) である。これに似せて，非常に影響力のあるジャーナルは，他の影響力のあるジャーナルに引用される，として，ジャーナルをベースとした Eigenfactor (EF) と Article Influence (AI) を開発した[1]。ページランクでは，重要な Web ページは以下の基準を満たすページであると規定して，各ページに得点をつける。

基準１：多くのページからリンクされること

基準２：重要なページからリンクされること

基準３：厳選されたリンクを受けとること

なお，EF の計算は，過去５年間に出版されたジャーナルの論文が JCR 年度に引用された数に基づいている。被引用数の多いジャーナルが少ないジャーナルよりもネットワークに影響を与えるため，自誌引用のレファレンスは排除され，EF はジャーナルの自誌引用に影響されない。

論文数が多いジャーナルほど，EF 値は大きくなりやすい。EF を0.01倍して，さらに出版後５年間のジャーナルの記事数で割り，平均的な影響力を算出したものが Article Influence である。この指標 AI は５年間の論文投稿の規模に対するジャーナルの引用影響力の比率であるので，５年 JIF に類似する。

6.2 h 指数 (h-index)

h 指数は，研究者の生涯業績を示す指標として2005年物理学者ホルへ・E・ハーシュ (Jorge E. Hirsch) が提案した[2]。ある研究者が発表した論文数のうち，「h 回以上引用された論文が h 報以上あること」を満たす数値である。

例えば研究者 A の h 指数が20であるとすると，研究者 A には被引用数20回以上の論文20報あるということになる。研究者 B は20報の発表論文のうち１報が200回引用され，残りの19報が全く引用されていないのであれば，研究者

1：EF の数理面での解説は以下が詳しい。
増田直紀．アイゲンファクターを知る．統計数理．2013，vol.61，no.1，p147-166.

2：Hirsch, J. E. An index to quantify an individual's scientific research output. Proc Natl Acad Sci. USA. 2005, vol.102, no.46, p.16569-16572.

B の h 指数は 1 である。すなわち h 指数は，被引用数の多い論文を数多く出版した研究者が高くなり，量と質の両方を必要とする。実績のある研究者は高い評価を維持できるが，実績の少ない若い研究者には不利になりがちである。

この手法は，任意の論文セットに適用することができるので，ジャーナルの評価にも適用され，出版活動と引用効果を組み合わせた評価値である。引用分布の上部に重点を置き，下部が無視されている。

Web of Science や Scopus は h 指数を自動的に計算する機能を備えている。Google Scholar でも h 指数は計算可能であるが，それぞれデータベースが違えば得られる h 指数も大きく異なることに注意を要する。

6.3 JCI（Journal Citation Indicator）

Journal Citation Indicator（JCI）は，ジャーナルが分野の中でどれくらいの位置にあるかを端的に表す指標である。JIF は分野による違いが考慮されていないが，JCI は，分野別に被引用平均値を 1 として，その分野の中での相対的被引用係数としている。

2021年 6 月発刊の JCR2020年版より，Web of Science の全引用索引のジャーナルに付与されている。JIF の付与されていない ESCI，人文学系ジャーナル（A & H）にも JCI は付与される。すなわち，研究者人口が少なく論文数や引用が少ない分野や，引用慣習が少ない分野も少ないなりに，分野の中での標準化を狙った指標である。

できるだけ同じ条件を揃えたジャーナル群で被引用数を比べるために，正規化した要素は 3 つ，分野，出版年，ドキュメントタイプである。これに分野別正規化被引用インパクト Category Normalized Citation Impact（CNCI）の手法を加えた。

CNCI は世界平均をベースライン1.0として，それより高いか，低いか，相対的な被引用インパクトを示す。したがって，JCI は，過去 3 年間に出版された原著論文およびレビュー論文の CNCI である。

2020年版 JCI は2017年から2019年の間に出版された原著論文およびレビュー

論文のCNCIベースラインと比較した被引用の比率として，ジャーナルの相対的な被引用インパクトを示す。JCIが2.0であれば相対的に，分野平均の2倍であることを意味する。これに対し，1.0より低い値は，平均よりも低い被引用インパクトと見なされる。この指標の比較は，類似した引用パターンを共有する分野間であれば有用である。

ただ，ベースラインとなる値1.0は，ジャーナル全体で，出版された論文が，その分野の平均被引用数に等しい数の引用を受けているということが前提である。実際は，ほとんどのJCIが1.0を超えない。6-1図では，それが実証されている。

Web of ScienceのSCIE，SSCI，AHCI，ESCIのコンテンツごとにJCIの分布を比較した（6-1図）。X軸にJCI，Y軸にジャーナル数を示す。各プロ

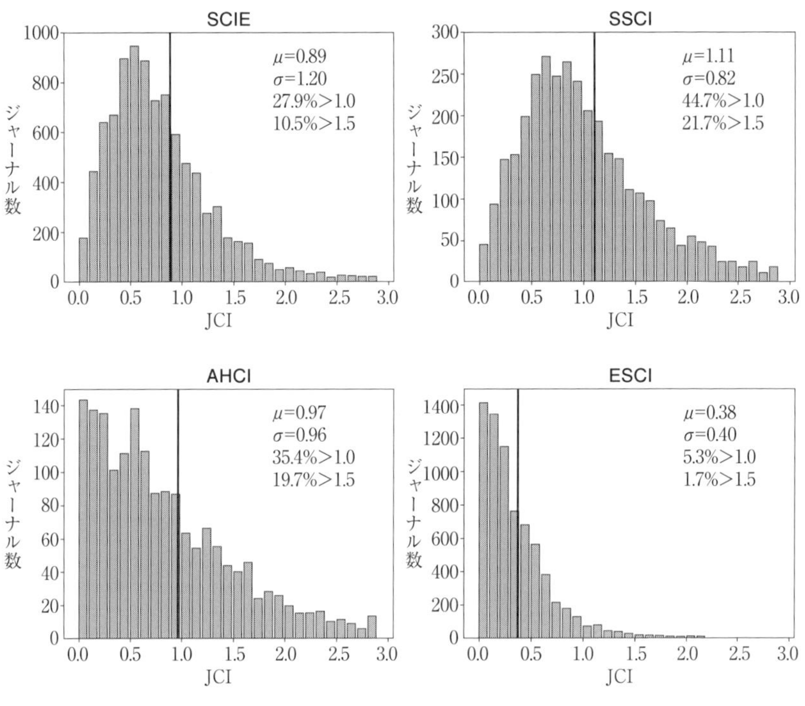

6-1図　各コンテンツのJCI分布状況

ットでは，JCI が1.0および1.5を超えるジャーナルの平均値，標準偏差およびパーセンテージを示す。ESCI のジャーナルの JCI が低いことは明らかである。AHCI も0.5未満のジャーナルが多い。

6.4 オルトメトリクス（Altmetrics）

オルトメトリクスは，Alternative と Metrics からの造語で，代替指標として，論文の社会的な影響度を示すソーシャルメディアの反応を定量的に測定して，学術論文の影響度を評価する活動の総称である。ソーシャルメディア上の論文の閲覧や引用，文献管理ツールなどへの保存数，ダウンロード数，Web リンクやブックマークされた回数，ブログ，Twitter，Facebook 等で取り上げられた数，F1000での推薦数など多種多様なものが含まれる。

オルトメトリクスを計測するサービスは複数存在する。その一部を以下に挙げる。

- Altmetric 社：Digital Science 社傘下。Altmetric Explorer のサービスを提供。
- Ceek.jp Altmetrics：日本の学術文献を対象としてオルトメトリクスを計測するサービス。
- その他　大手出版社の提供　PLOS 社，BioMed Central 社，エルゼビア社等

オルトメトリクス指標は，研究者間だけでなく，社会一般への影響度を追跡できるとされている。オルトメトリクス指標の特徴を挙げる[3,4]。

①即時性：論文の被引用数より早く，論文の公表直後から，注目度や人々の反応をリアルタイムで示すことができる。

②社会性：学術領域への影響にかぎらず，広く社会一般への影響を測定で

3：孫媛．研究評価のための指標：その現状と展望．情報の科学と技術．2017，vol.67，no.4，p.179-184.

4：林和弘．研究論文の影響度を測定する新しい動き：論文単位で即時かつ多面的な測定を可能とする Altmetrics．科学技術動向．2013，no.134，p.20-29，https://www.nistep.go.jp/wp/wp-content/uploads/NISTEP-STT134J-2.pdf，（参照 2022-08-04）.

きる。

③補完・代替性：引用・被引用による分析を代替・補完する機能を持つ。有用であってもあまり引用されない雑誌や論文を見落とす恐れがあるところを補うことができる。

④論文レベルの指標：オルトメトリクスはJIFやh指数などとは違い，学術誌や研究者のインパクトではなく，個別研究のインパクトを示す，論文レベルの指標である。

次章で述べる「責任ある研究評価（Responsible Research Assessment：RRA）」の動向もあって，オルトメトリクスへの注目と期待が高まっている。2009～2010年頃にオルトメトリクス誕生後10年ほどである。歴史も浅いので，その有効性・妥当性はいまだ断定できる段階にはないが，そこを理解した上で，評価の目的に合った利用は推進が期待されている。

6.5　SCImago Journal Rank（SJR），Source Normalized Impact per Paper（SNIP），CiteScore

SCImago Journal Rank（SJR）はEigenfactor（EF）と似ていて，権威あるジャーナルからの引用に重み付けをする。SJRは，エルゼビア社のScopusのデータを使用し，GoogleのPageRankに類似したアルゴリズムを適用して，引用元のジャーナルの評判によって，引用に重み付けをする指標である。JIF同様，特定の期間の平均被引用率を出すものであるが，対象期間は３年間，分子の被引用数には，引用元のジャーナル評判による補正がされている。

2022年のSJRは2019～2021年に出版された論文の2022年の総被引用数をカウントして計算される。対象文献は，全てのドキュメントタイプを計算の分母，分子の被引用の対象とするので，この文献対象と対象期間がJIFとの違いである。

Source Normalized Impact per Paper（SNIP）はエルゼビア社のScopusデータベースを使用して，主題分野の被引用総数に基づいて引用に重み付けし，分野による引用のされやすさの違いを考慮して，ジャーナルの論文あたりの平均被引用数率を算出している[5]。

SNIPはジャーナルの分野の特性を考慮して，以下の点を測る。

- 著者が参考文献リストで他の論文を引用する頻度
- 被引用インパクトが成熟する速度
- 評価に使用されるデータベースがその分野の文献を網羅している程度

CiteScore（CS）は2016年12月に公開の，まだ歴史の浅い指標で[1]，平均被引用数指標としてエルゼビア社がScopusに含まれる３つの主要な指標の１つとして開発し，上述のSJR，SNIPとともに公開している。対象期間が３年であることもSJI，SNIPと同じである。2022年のSJRは2019，2020，2021年に出版された論文の2022年の総被引用数をカウントして計算される。エルゼビア社の定義によれば，対象文献は，当初，全文献タイプが算出に含まれていたが，2020年６月より，主に５つの査読文献タイプ（研究論文，レビュー論文，会議録，データペーパー，書籍の章）に絞り込むと変更されている。

6.6　各指標を使いこなす上での課題

さて，どの指標を使うのか。どの尺度を使うのか。ベースとなる論文セットは，どのデータベースを使うのか。Web of Scienceか，Scopusか，Google Scholarか，Dimensionか。それぞれの尺度が，それぞれの事例で使われ，そこに意味することを捉えるしかない。単一のメトリクスで判断することは，JIF同様望ましくない。一つのアプローチのみで判断することは誤用を生む。目的や対象に応じて，適切な指標を選び，それぞれの特性を踏まえて複数の指標を使いこなすことが求められる。

いずれの指標も，分野によって，ジャーナルによってどのような振る舞いが見えるか，各分野でのジャーナルで試みられた事例を参照されたい。

本章の最後の，６-１表は，材料科学分野の10誌について，正規化された指標による調査結果である。JIFでは，どれもQ1でトップジャーナルである。

5：“SNIP（Source Normalized Impact per Paper）とは？”. Scopus：アクセスと使用サポートセンター. 2021-06-23. https://jp.service.elsevier.com/app/answers/detail/a_id/16211/supporthub/scopus/kw/SNIP/,（参照 2022-08-04）.

6-1表 材料科学分野のジャーナル10誌の正規化指標事例

ジャーナル名	2020 JCI	Eigen factor	正規化 Eigen factor	Article Influence Score	JIF パーセンタイル	JIF 四分位 Quartile
Nature Energy	8.15	0.08	16.728	19.734	99.55	Q1
Nature Materials	7.1	0.13	27.197	15.509	99.25	Q1
Nature Nanotechnology	5.49	0.107	22.345	13.648	98.35	Q1
Joule	5.02	0.046	9.664	11.517	98.95	Q1
Advanced Materials	4.48	0.43	90.149	6.637	97.46	Q1
Advanced Energy Materials	4.27	0.169	35.39	5.947	97.16	Q1
Nature Reviews Materials	4.06	0.057	11.874	28.974	99.85	Q1
Materials Today	3.77	0.022	4.689	8.021	97.75	Q1
ACS Energy Letters	3.19	0.072	15.185	5.614	96.56	Q1
Nano Energy	3.02	0.124	26.016	3.32	95.36	Q1

出典：JCR2020年版，クラリベイト

JCI や正規化 Eigenfactor は1.0が材料科学分野の平均である。JIF パーセンタイルでみると，四分位 Q1の中で，それほど差のない10誌であるが，JCI や正規化 Eigenfactor には，かなり差がある。Advanced Materials 誌が注目すべき Eigenfactor 値を出している。したがって，同レベルの JIF 上位誌の中で，引用ネットワーク力の強さを見せる別な側面を Eigenfactor の比較で見ることができる。

各指標を組み合わせて，学術誌を比較する経験値を積み上げ，各分野の中で比較効果を見い出せる手法を確立し，伝播させていくことが望まれる。

Ⅲ部

ライデン声明以降の
ジャーナル・インパクトファクター

7章

責任ある研究評価へ

ガーフィールドがジャーナル・インパクトファクター（JIF）を世に出して以来45年以上，JIF は個人の研究者，研究機関等の業績評価には直接的に使わない方が良いと警鐘を鳴らされてきた。しかし近年，国の研究費を投資と見なして，研究がいかに社会実装に役立つか，評価を急ぐ傾向にある。有効に使うべき研究費とは何かを志向するようになり，ますます客観的な研究評価制度の整備が求められるようになった。

各国において研究者の業績評価や大学等への資金配分の評価に，客観的根拠（エビデンス）に基づく評価手法が取り沙汰され，本格的にエビデンスベースの業績評価システムが模索されている。定量的指標の不適切な評価実践を避けるために，2010年代，専門家集団から研究評価のあるべき姿を示す提言がなされてきた。

本章では，そうした国内外の提言や声明を概観し，特に JIF の使用について言及した提言で提議されている論点が，その後の JIF に与えている影響について考察する。

最初に大きな波を導いたのは，2013年５月発表の「研究評価に関するサンフランシスコ宣言（DORA）」[1]である。続いて2015年に「研究計量に関するライデン声明」[2]が提言された。

1：米国細胞生物学会．研究評価に関するサンフランシスコ宣言．https://sfdora.org/read/read-the-declaration-japanese/，（参照 2022-08-04）．

2：Hicks, Diana. et al. The Leiden Manifesto for research metrics. Nature. 2015, vol.520, p.429-431, https://doi.org/10.1038/520429a,（accessed 2022-08-04）．小野寺夏生，伊神正貫による日本語訳のページも参照されたい（http://www.leidenmanifesto.org/uploads/4/1/6/0/41603901/leiden_manifesto_japanese_161129.pdf）。

これらに限らず，各国で既存の研究評価の新たな在り方を問う提言を作成する動きが出て，近年，このような考えを総称して「責任ある研究評価（Responsible Research Assessment：RRA）」と呼ぶようになった。

「責任ある」という表現は，日本語に訳すと抽象的でわかりにくいが，「責任ある研究・イノベーション」の概念で前提とされた「責任ある」枠組みで使われたことに起因するとされている[3]。研究評価の仕組みは，何が起こるかを**予見し**（予見性），現在の研究表の仕組みをその前提から疑って**限界を理解し**（再帰性），被評価者を含めた多様なステークホルダーとの対話を通して**評価の仕組みを検討し**（包摂性），対話から得られる**意見や情勢変化に対応**（応答性）するものであるとしている。

7.1　研究評価にジャーナル・インパクトファクターを使うことへの警鐘

先述の「研究評価に関するサンフランシスコ宣言（Declaration on Research Assessment：DORA）」は，2012年12月16日米国細胞生物学会（ASCB）の年次会議の際に，学術雑誌の編集者と出版者が持った会合で起草され，翌年５月に発表された。

同宣言は，18の提案から成るが，主な主張として，個々の研究者の採用，昇進や助成などの査定に，研究論文の質を測る指標としてJIFを用いるべきではないことを勧告した。DORAは宣言の中で，支持署名を呼びかけ，世界の学会・研究機関の2,510機関（うち日本は９機関）が署名している（2022年４月２日現在）。

DORAでは，JIFはそもそも図書館員が購入すべき雑誌を判断する際の補助ツールとして開発されたのであって，論文に示された研究内容の科学的品質を計るためのものではない，としている。それを念頭に，研究評価ツールとして

3：林隆之，佐々木結．DORA「責任ある研究評価」へ：研究評価指標の新たな展開．カレントアウェアネス．2021．no.349，CA2005，https://current.ndl.go.jp/ca2005，（参照 2022-08-04）．

JIF を用いる場合陥りやすい欠点についてまとめて，理解を求めている。

A）雑誌内における引用の分布は非常に偏っていること。

B）JIF の性質は分野によって異なること，原著論文とレビュー記事といった，複数の極めて性質の異なるタイプの記事が混在してできあがっていること。

C）JIF は編集方針によって左右される（あるいは“操られる”）可能性があること。

D）JIF の計算に用いられるデータは不透明であり，また公衆に公開されていないこと。

以上 4 点について指摘しているが，特に最後の D）は，2018年 6 月発行の JCR2017年版から JIF の計算に用いられているデータが全面的に掲載されるようになるきっかけになったと思われる。

DORA は研究成果の質の評価方法を向上させるために，学術機関，研究補助金助成機関，出版者，研究者等それぞれに向けて勧告を行うが，その共通した論点は，以下のとおりである。

- 採用，任期，助成金，昇進の検討の際に用いられる判断基準は明示的であること，JIF のような雑誌ベースの数量的指標を用いないこと
- 研究が発表される出版物の数量的指標をベースに評価するのではなく，研究自体の価値に基づく評価をすること
- 研究評価を行う上で，研究出版物に加えて，研究の（データセットやソフトウェアを含む）全ての成果の価値とインパクトを検討すること。また，政策や実用化への影響といった研究インパクトの質的な指標を含む，幅広いインパクトの評価基準を考慮すること

学術誌の出版者にむけては，販売促進手段としての JIF の強調を縮小させること，すなわち JIF による宣伝を中止すること，または学術誌のパフォーマンスについてはさまざまな数量的指標（5 年 JIF，Eigenfactor，SJR，h 指数，編集と出版に要する時間等）の文脈に沿った上で JIF を提供することを説いている。

7.2 研究計量に関するライデン声明

2015年に「研究計量に関するライデン声明（The Leiden Manifesto for research metrics，ライデン声明）」は，研究評価に関わる研究者，管理者，評価者にとっての，計量データ利用についてのガイドラインとしてベストプラクティス（最善策）を示している。研究計量の誤用は無視できないほどに拡がっていることを案じて，科学計量学，ビブリオメトリクスの専門家たちが作成した。

オランダのライデン大学で2014年9月に開催された科学計量学の国際会議で，ジョージア工科大学のダイアナ・ヒックス（Diana Hicks）がおこなった基調講演が基となり，議論がなされ，ライデン大学科学技術研究センター（CWTS）のポール・ボウター（Paul Wouters）らにより10項目のライデン声明としてNature誌に発表された[4]。10項目のベストプラクティスは，まさに研究者，評価者に訴えたい思いが次の一文に込められている。「我々はここに，研究者が評価者に責任を持たせ，評価者が指標に責任を持つことができるように，メトリクスに基づく研究評価のベストプラクティスを抽出し，提供するものですある」。

ライデン声明—10の原則[5]

原則1　定量的評価は，専門家による定性的評定の支援に用いるべきである。

原則2　機関，グループ又は研究者の研究目的に照らして業績を測定せよ。

原則3　優れた地域的研究を保護せよ。

原則4　データ収集と分析のプロセスをオープン，透明，かつ単純に保て。

原則5　被評価者がデータと分析過程を確認できるようにすべきである。

原則6　分野により発表と引用の慣行は異なることに留意せよ。

原則7　個々の研究者の評定は，そのポートフォリオの定性的判定に基づ

4：前掲注2参照。

5：小野寺夏生，伊神正貫．“研究計量に関するライデン声明について”．STI Horizon. vol.2，no.4，http://doi.org/10.15108/stih.00050，（参照 2022-08-04）．

くべきである。

原則８ 不適切な具体性や誤った精緻性を避けよ。

原則９ 評定と指標のシステム全体への効果を認識せよ。

原則10 指標を定期的に吟味し，改善せよ。

原則１は，定量的メトリクスは，ピアレビューで生じるバイアスに対し，異なる見方や考察を深めることに役立つので，ピアレビューの補完と位置付けるべきだとしている。特に同業研究者を評価することは難しいので，定量的評価により強化されるが，評価者は意思決定を数字に任せず，評定に責任を持て，としている。

原則２では，研究業績を評価する指標は研究の目標と関係付けるべきで，全ての状況に適用できる単一の評価モデルはない，と言い切っている。原則３はJIF が米国中心で，ほとんどが英語である Web of Science の収録雑誌について，国・地域的研究にバイアスが生じることを懸念している。非英語文献に基づいたメトリクスとの併用が有用だとする。原則４は評価システムがブラックボックス化しないように警告している。加えて原則５も，評価される側が自分の成果が正しく採録されているかをチェックできるようにすべきだとしている。

原則６は，分野により研究発表と引用慣行が異なることを考慮して評価システムを作ることを求めている。歴史学者や社会科学者は，業績のカウントに図書や自国語の論文が含まれることを要求する。分野により引用傾向が異なるので，標準化指標として，パーセンタイルについて述べている。最も頑健な規格化法はパーセンタイルに基づくものであり，各論文は，それが属する分野の被引用数分布中のパーセンタイル位置（例えば，トップ１％，10％，20％）にしたがって重み付けされる。

原則７は，個々の研究者の評定は，ポートフォリオの定性的判定に基づくべきであるとしている。６章で述べたが，h 指数は，年長者の方が高くなる傾向にあり，分野によっても異なる。トップレベルの研究者の場合，生物学では200，物理学では100，社会科学では20～30程度である。h 指数の計算に使うデータベースにも依存する。研究者の活動のポートフォリオを考慮すべきであることを勧めている。

原則８のベストプラクティスは，複眼的に，複数の指標を用いることが良いとする。JIF の小数点以下３桁表示の僅かな差によってジャーナルを区別する意味はなく，誤った精緻性は避けよ，と強く求めている。これに対して，クラリベイト社は改善検討を続け，JIF の表記は JCR2022年版から小数点以下１桁となる。JCR 作成上，JIF を小数点以下１桁で表せるかについて，また，JCR の中で，JIF の四分位を利用した分野での位置や，パーセンタイル表記などを明示したことは改善につながった。

原則９でも単一の指標に頼ることを牽制（けんせい）している。単一の指標目標を立てると，指標測定自体が目標になってしまうことを憂いている。JIF が研究評価に使われることへの批判も，およそ一辺倒に JIF を上げようとしても意味がない。したがって，原則10のように，指標のシステムは適時修正して，改善することが求められる。

7.3　日本の研究評価における定量的評価手法の位置付け

日本では令和３年11月，日本学術会議の科学者委員会研究評価分科会により，提言「学術の振興に寄与する研究評価を目指して：望ましい研究評価に向けた課題と展望」が公開された。この提言の目的は，研究評価において定量的評価手法を過度に偏重しないよう求めること，国際的動向を紹介して，望ましい研究評価の方向性を示すことを挙げている。

この提言の中の，提言３～５は，JIF や引用分析等の定量的評価手法は，ピアレビューの補助としての位置付けであることを明確に示している[6]。以下，同提言の中で，提言１～６について JIF など定量的評価手法について述べている箇所を抜粋する。

6：日本学術会議科学者委員会研究評価分科会．提言 学術の振興に寄与する研究評価を目指して：望ましい研究評価に向けた課題と展望．2021．https://www.scj.go.jp/ja/info/kohyo/pdf/kohyo-25-t312-1.pdf，（参照 2022-08-04）．

提言――学術の振興に寄与する研究評価を目指して

提言１（研究評価の目的に即した評価設計の必要性）（中略）資源配分に研究評価を連動させる場合には定性的評価を基本とすべきであって，定量的評価に過度に依存してはならない。

研究者育成という観点からも，定量的評価指標を個人の研究評価に不用意に用いることは多様な目的を有する研究活動を阻害し，負の影響を及ぼす恐れがある。研究評価が機関や研究者個人を疲弊させている現状を考慮すると，既存の評価システム（科研費審査など）の有効活用も検討すべきである。

若手研究者の研究評価では，新しい研究方法や成果発信方法にも十分留意して成長の支援につながる評価を図るべきである。

提言２（研究評価における研究の多様性の尊重）研究評価に当たっては，研究の多様性が最大限尊重されるべきである。多角的な見地から学術的貢献を評価するとともに，学術界を超える効果・影響（インパクト）など，既存の評価基準に当てはまらない新しい取り組みなどにも柔軟に対応できる評価項目の設定や評価体制の工夫が求められる。（後略）

提言３（研究評価手法の基本原則）研究の多様性を踏まえつつ研究の質やインパクトを適正に評価するためには，評価対象分野の研究者（ピア）や研究成果のユーザーなどによる定性的な研究評価を原則とし，定量的評価指標を補助的に活用することが望まれる。

学術の持続的発展のために，研究評価の制度設計に当たっては，専門家による定性的評価を中心に据えて中長期的視点から学術的意義を適切に評価できるようにすべきである。

定量的指標（トップ10%論文数など）は特定分野の研究評価手法として有効であるため排除する必要はないが，あくまで補助的な活用にとどめるべきである。定量的指標の偏重は研究全体を学問的意義よりも評価指標に合致する研究へと過度に方向付けるとの懸念は諸外国でも共有されている。期間限定を伴う定量的評価は若手研究者支援にもなじまない。

提言４（研究評価と資源配分）限られた公的資源を有効に活用し，各機関の目的に即した研究環境を構築し改善するために研究評価を活用することには一定の合理性がある。

しかしその際，研究成果に関する定量的指標を一律に用いて機関運営の基盤を支える資金を大きく増減することについては，学術振興の観点から慎重な配慮が求められる。機関運営に関わる資源（予算・人員）を特定の定量的指標に基づいて傾斜配分することは，当該指標に適合的な研究を促進する反面，定量的評価になじまない人文・社会科学分野の諸研究や当該指標で測りきれない基礎的研究を抑制する恐れが極めて大きい。

短期的かつ数値化可能な研究以外を射程に収めにくい定量的指標に依存せず，将来の予期せぬ危機に備えて学術を総合的，持続的に発展させることが人びとの安心と幸福につながる。

提言５（定性的評価の信頼性の確保）（中略）

提言６（科学者コミュニティの責務）研究活動は，機関の基盤的経費や公的補助金，各種助成金に支えられている。科学者コミュニティ及び研究者は，資金提供者や社会に対して研究の意義や特性をわかりやすく示し，定性的評価の信頼性を高める責務を負う。また評価に伴う無意識の偏見（アンコンシャス・バイアス）や評価基準の固定化を排除し，研究評価の望ましい在り方と避けるべき在り方をわかりやすく説明することによって，定性的評価の信頼性を高める責務を負う。

7.4 メトリクスではなく，プロファイルを：クラリベイト社の対案

DORAやライデン声明の後，2019年１月に，クラリベイト社のISI部門が報告書「メトリクスではなく，プロファイルを（Profiles, not Metrics）」[7]を発表した。

このレポートは，研究者や研究機関の業績の分析に一つの指標やランキング

7：Adams, J. et. al. Profiles, not metrics. Philadelphia; London, Institute for Scientific Information; Clarivate Analytics, 2019, p.1-9.

表などに単純化されたものを用いると，失われてしまう情報があることを明確にした。資料のタイトルにもあるように，単なる指標だけではなく，研究活動の複雑性も鑑みて，全体像をつかむための４つの代替的な視覚化手法の実例を挙げている。

本節では，４つのうち，研究者業績のプロファイルを見る手法と，ジャーナルのプロファイルについて言及する。

研究者個人の分析例にはｈ指数に代わるビームプロット手法を提案している。ジャーナルの分析例には，JIF に偏執的にならないよう，ジャーナルプロファイルを重厚にすることで Journal Citation Reports（JCR）を改善したことを報告している。研究機関の分析例には，研究力の分野内での正規化を加える新手法 Impact Profile™ を示している[8]。

7.4.1　ビームプロット

６章で述べたように，ｈ指数は研究者としての活動年数や研究分野に左右され，被引用数の増加率は研究分野によって差が出る。研究者の業績全体を見渡せるような視覚化が可能となった手法がビームプロットである。

ビームプロットの最初の提唱者はマックスプランク研究所のルッツ・ボーンマン（Lutz Bornmann）とヴェルナー・マルクス（Werner Marx）であった[9]。

各論文の被引用数は，同年，同分野に出版された論文全体に対して正規化され，パーセンタイル値に変換される。被引用数の分布に偏りがある場合，この手法では，中央値の傾向が可視化される点で優れている。ビームプロットによる可視化は，ｈ指数のような一点指標に代わり，個人の研究者の論文ポートフォリオの量と引用インパクトを時系列で明らかにするものである[10]。

8：前掲注６参照。
9：Bornmann, L.; Haunschild, R. Plots for visualizing paper impact and journal impact of single researchers in a single graph. Scientometrics. 2018, vol.115, no.1, p.385-394.
10：Szomszor, M.; Pendlebury, D. Interpreting the citation performance of individual researchers with beamplots. Clarivate Analytics. 2021. https://clarivate.com/blog/the-web-of-science-author-impact-beamplots-a-new-tool-for-responsible-research-evaluation/, (accessed 2022-08-04).

7-1表　著者業績比較事例

	A	B	C	D
論文数	28	33	23	21
被引用数	698	354	384	345
h 指数	15	13	12	11
分野別正規化被引用インパクト（CNCI）	1.17	0.52	0.86	1.09
パーセンタイル中央値	63	41	56	50
国際共著論文の割合	50%	24%	22%	14%
Q1 JIF 論文	13	13	13	11
Top10%論文の割合	21%	3%	4%	19%

ビームプロットの事例[11]として，7-1表の4人の研究者データをWeb of Scienceより抽出した。2008年以降に論文を発表しはじめ，少なくとも20報以上の論文がある有機化学を専門分野とする研究者A，B，C，Dである。各研究者は高品質のジャーナル（Q1ジャーナル）に掲載された同数の論文がある。しかし被引用指標である被引用数，h指数，CNCI（分野別正規化被引用インパクト），パーセンタイル中央値等にはばらつきが見られる。研究者Aは，国際的な共同研究者との論文数が最も多い（50%）。

7-1図はWeb of Scienceから出した研究者A，B，C，Dのビームプロットである。研究者Aは，全体的な引用パフォーマンスが最も高い。しかし研究者Aは，2012年から2015年の間に優れた論文があるが，2016年から2018年にかけて平均パーセンタイルが著しく低下している。

研究者BはAと似ていて，以前の論文に引用パフォーマンスの良いものがあるが，最近ぱっとしていない。研究者Cと研究者Dは似ていて，研究者Dのプロファイルは被引用実績が前年比で増加している。

責任ある評価設定でビームプロットを使用するには，国／地域性のレベル，

11：前掲注8参照。

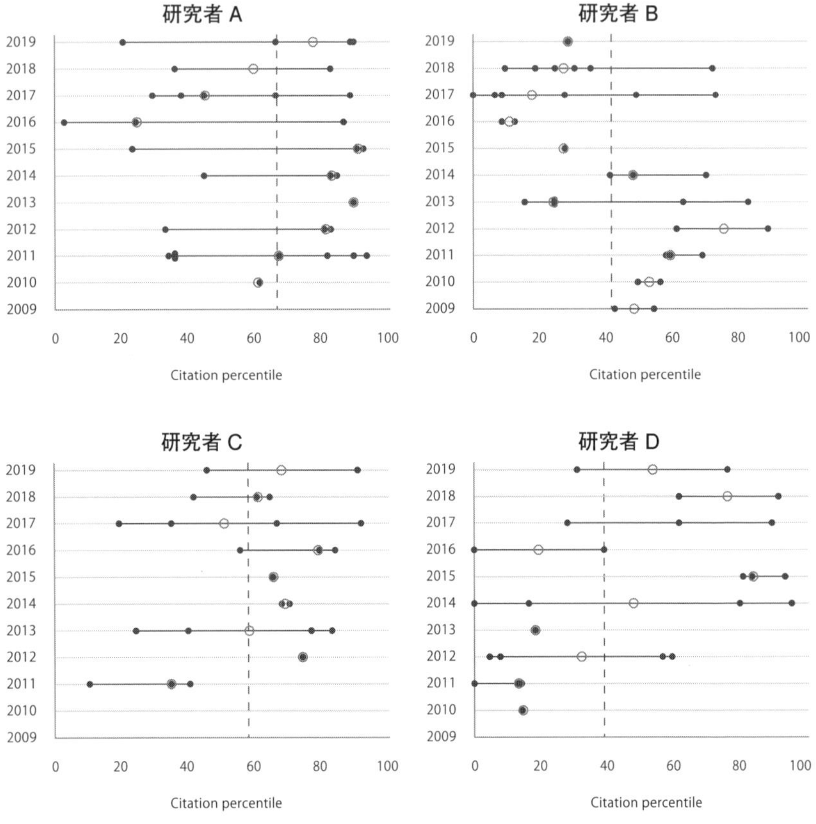

7-1図 著者ビームプロット

機関レベルや，役職のレベル，協働レベル，研究内容，基礎研究か応用か，こうした引用実績に影響を与える可能性があることを考慮にいれる必要がある。

7.4.2 ジャーナルプロファイル

DORA やライデン声明で求められたように，JIF の透明性を高めることが急務であったため，クラリベイト社は JCR2017年版から徐々に，JIF 算出の根拠となる個々の文献，その発表機関，その出版ジャーナル等を編纂し，ジャーナルプロファイルを改善した。

まず，JIF 算出の際の分母の学術文献（Citable Items）の論文タイトルをリスト化し，それぞれの被引用数，オープンアクセスの状態を付与した。どのような論文がその年の JIF に貢献しているか，オープンアクセス論文の影響もわかる。

次に，JIF 算出の分子である被引用数を生み出した，当該ジャーナルを引用するジャーナル（Citing Source）のリスト化により，どのジャーナルが最も当該ジャーナルを引用したことで JIF が成り立っているかがわかる。ジャーナル間の引用ネットワークを JIF に特化して分析できる。

さらに，当該ジャーナルを引用する原著論文についても，引用ジャーナルごとに原著論文タイトルとそれぞれの引用数を明示して JIF の透明化を進めた。

JIF 算出の分母となった論文は，被引用数の頻度別に分布図にした。この引用分布図では，原著論文とレビュー論文のそれぞれの被引用中央値が視覚化された。

また，JIF や JIF 四分位の経年変化に影響を与える分野のジャーナル数の変化も1997年まで遡及して，分野全体がどのように成長し，その中での当該ジャーナルの位置が明示されている。

JIF の内訳や動向を理解する上で，JIF 周辺情報を複眼的多角的に見られることは重要である。JIF の分母と分子が徹底した透明性のもと明らかにされたことは，DORA やライデン声明に関わった専門家や JCR 編集者たちの尽力がもたらしてくれた成果の一つである（それぞれの情報の詳細は4章参照）。

ジャーナルプロファイルは，学術誌一誌ごとの JIF を掲載する。この JIF を載せる，一誌ごとの掲載箇所すべてに，クラリベイト社は JIF 定義と共に JIF の誤用を無くすための喚起メッセージを載せるようになった（7-2図）。これも2017年版 JCR から始まったことであった。

Journal Impact Factor（JIF）は，Web of Science Core Collection にインデックスされたデータから算出されるジャーナルレベルの指標です。被引用率に影響を与える多くの要因，例えば出版物の量や，分野や雑誌の種類による引用の特徴に十分な注意を払って使用する必要があります。Journal Impact Factor は，専門家の意見や情報に基づいた査読を補完することができます。テニュアのための学術評価の場合，個々の研究者，機関，論文の代理指標としてジャーナルレベルの指標を使用することは不適切です。

7-2図 JIF の定義メッセージ

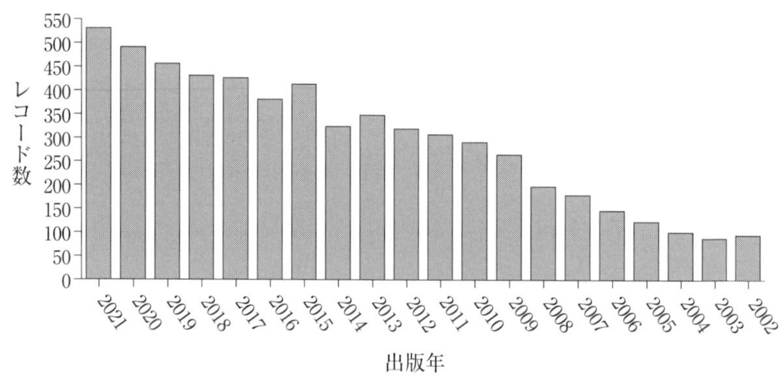

7-3図 2002～2021年 著者抄録に JIF を含む文献
（出典：Web of Science）

7.5 ジャーナル・インパクトファクターの活用実態：ライデン声明前後の比較

「責任ある研究評価」を導く一連の提言が出される中，JIF の利用に変化が生じているだろうか。

Web of Science の SCIE，SSCI により，2002～2021の20年間に，著者抄録および著者キーワードに「インパクトファクター」の記述がある文献について調査した[12]。結果が7-3図であり，文献タイトルに「インパクトファクター」

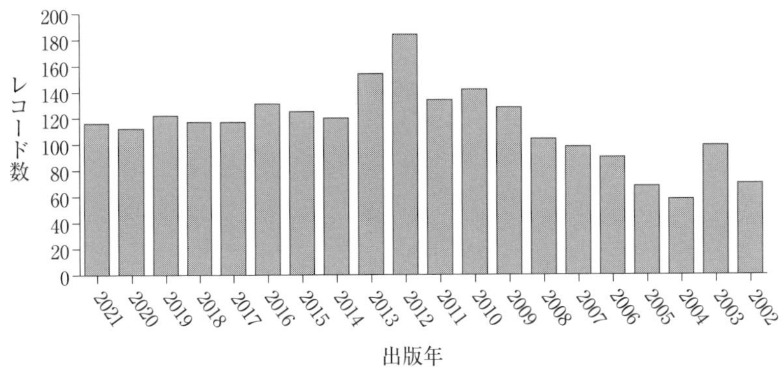

7-4図　2002〜2021年 タイトルにJIFを含む文献

（出典：Web of Science）

の記述がある文献を抽出した結果が7-4図である。

この20年間，JIFについて記述する文献は増え続け，2009年からは一段と増加している。7-4図は異なる様相で，2010年から2013年まで多く出版され，その後は横ばいであった。文献タイトルにJIFの記述がある文献群は，特にJIFを主題として論じる文献が多いとみたて，内容を確認すると，JIFについての是非，JIFの在り方についてコメントする論説記事が多くみられる傾向にあった。7-3図でJIFについて記述する文献は増加傾向が継続しているのに，7-4図では2014年以降横ばいである。これはJIFについての記事が相対的に減っていることを表す。そこでどんな記事が減少しているか検証するために，2011，2016，2021年の各年に絞って，用途分析を行い（方法は1.7と同じ）7-2・7-3表の結果を得た。

JIFを直接分析に利用する用途Aは，10年で倍増していることに加え，2021年全体の70％を占めている。ただし，この用途Aは，JIFは比較分析の一つの要素であって，他の定量的指標と並列して分析されることが大半であった。

12：棚橋佳子．“ジャーナル・インパクトファクター利用の実態を文献に見る：ライデン声明前後の比較分析”．第19回情報プロフェッショナルシンポジウム予稿集．オンライン開催，2022-07-07/08．情報科学技術協会，2022，p.7-11，https://doi.org/10.11514/infopro.2022.0_7，（参照 2022-08-04）．

7-2表　JIF 用途分析

	2021	2016	2011
A　分析直接利用	320	218	150
B　抽出基準	61	36	29
C　JIF 発表等	21	32	30
D　誤用注意喚起	25	35	33
E　補正・補完・代替提案	30	31	48

7-3表　JIF 用途分析割合

	2021	2016	2011
A　分析直接利用	70%	62	52
B　抽出基準	13	10	10
C　JIF 発表等	5	9	10
D　誤用注意喚起	5	10	11
E　補正・補完・代替提案	7	9	17

用途Bでは，JIF が論文抽出の基準として使われる。特定の研究領域での動向調査，特定分野での特定主題を調査するとき，JIF を閾(しきい)値にして，論文抽出を行う。用途Bは2011年，2016年に全体の10%で，2021年に13.3%と大きな伸びはない。特定のテーマ，特定の分野の傾向を見る時などに活用される利用法として，JIF の特長にかなった利用法が増えていることを示唆している。

用途C，D，Eは，ライデン声明後，変化があった兆しとして読み取れる。RRA の先陣であった DORA は学術誌出版者，編集者に対し，JIF の偏重を慎むように強く主張した。DORA は，学術誌出版者への賛同署名を募っている。その成果と言えるか，編集者の論説で JIF の数値を高々と発表する風潮は減少していることがわかる。2011年に10%を占めていた用途Cの「JIF の発表等」は，2021年には4.5%と半分以下となった。

誤用・注意喚起・代替提案のD，Eは2011年全体の28％を占めていたが，2016年には19％，2021年には12％となった。RRAの動きが出たことで，ビブリオメトリクスの適正な利用が示され，JIF誤用・注意喚起を説く論文や補正・補完を説く論文の割合が減少することにつながった可能性がある。

2021年には，JIFを利用した研究論文の割合が増えている。個々の指標の有効性を論じるよりも，研究評価の目的に合致した総合的な評価システムを重視する方向へ論点が変わってきていると思われる。

7.6　激増する引用：年間総被引用数50万件超えのジャーナルが意味するもの

JCR2020年版では，2020年一年間に50万件以上の引用を受けたジャーナルは，Nature誌（90万件），PLoS One誌（85万件），Science誌（81万件），PNAS誌（79万件），JACS誌（60万件），Scientific Reports誌（54万件）と6誌あった。JCR2020年版から早期公開論文も対象となったことにも起因するが，学術ジャーナルにおいて，引用の急激な増加が起こっていることは間違いない。激増する背景を探ってみた。

JCRのJIF付きジャーナルのタイトル数は，2010年から比べて，およそ20％増，2010年の年間総被引用数51万件でNature誌はトップであったことからするとNature誌だけでも76％増の総被引用数である。大手出版社のQ1ジャーナルポジションを狙った新刊ジャーナル増加と，既存のQ1トップジャーナルが高被引用論文の割合を増加させているということである。7-5～7-8図は，大手出版社のJIFの四分位別の論文数である。シュプリンガー・ネイチャー社は2019年から急激な伸びを示し，Q1～Q4一様に伸びている。Q1ジャーナルの論文は14,000報を越えて，10年間に倍増した。エルゼビア社はQ1ジャーナルの論文だけが倍増して，今や4万件に達するほどに伸びている。

テイラー＆フランシス社，ワイリー社は2018年までの増加率と，2018年以降では増加率が著しい。こうした傾向は2020年以降も続くのか，見守りたい。

大手出版社の最近の創刊誌にも注目する。ネイチャー出版グループは，OA

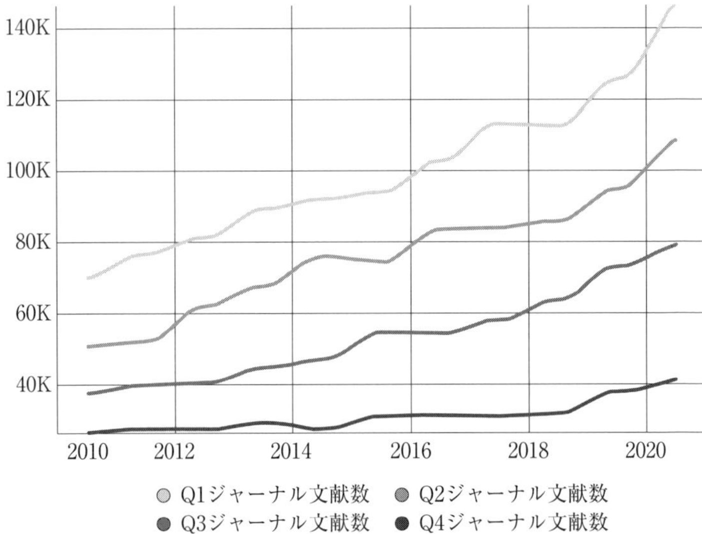

7-5図　シュプリンガー・ネイチャー社 JIF四分位別論文出版の経年変化

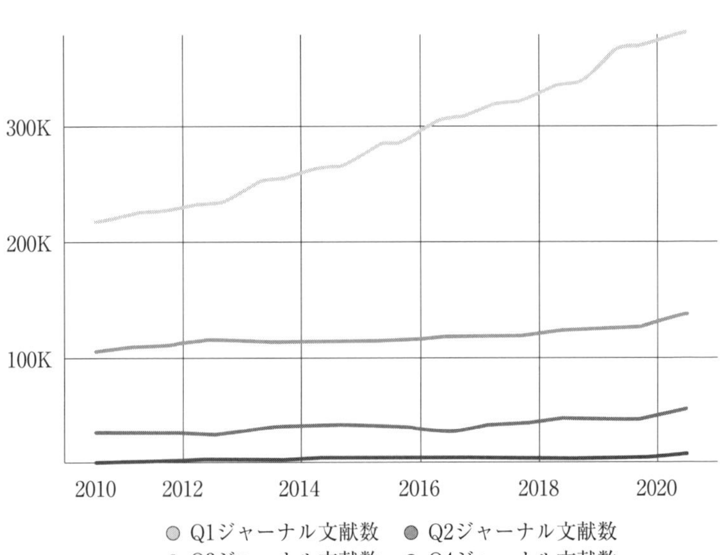

7-6図　エルゼビア社 JIF四分位別論文出版の経年変化

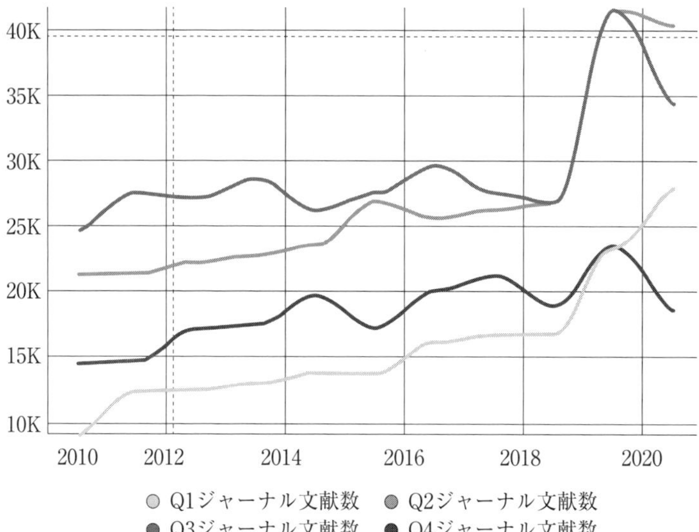

7-7図　テイラー＆フランシス社 JIF 四分位別論文出版の経年変化

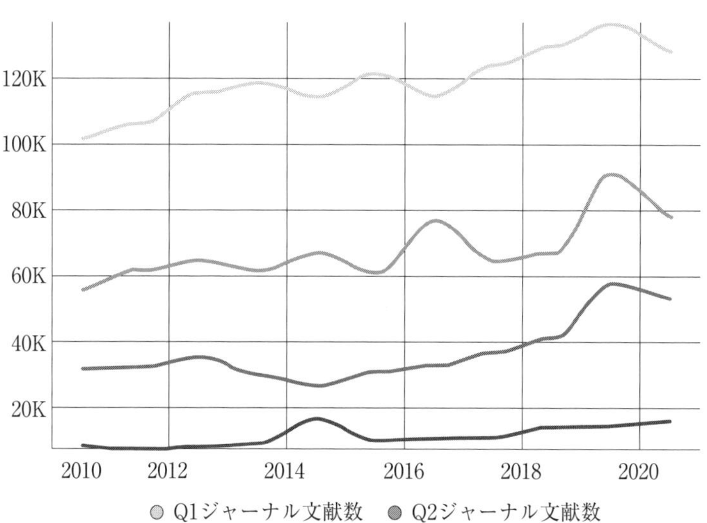

7-8図　ワイリー社 JIF 四分位別論文出版の経年変化

（出典：InCites Publisher Reports, 2022年４月28日調査, クラリベイト）

ジャーナルのPLos One誌が成功しているところへ，Scientific Reports誌なるOA誌を創刊した。この２誌の戦いで，PLos One誌の掲載論文数は下がり，Scientific Reportsは年間２万報以上の出版をするまでにメガジャーナルとなった。次に，Nature Groupの新刊誌が，各分野のJIFランクで最上位を位置する理由は，各分野でのトップ１％論文の割合が多いことが特徴である。

JIFの被引用数に貢献するトップ論文の割合を出した（7-4表）。トップ論文は，過去10年間の論文の各分野におけるトップ１％論文数と，過去２年間に出版された論文のうち，最近２か月間に非常に高い引用を受けたホットペーパー数を加えたものである。この中で，最近５年以内，2015～2020年の間にJCRに収載が始まったジャーナルには★を付けた。

Nature姉妹誌や，エルゼビア社Q1ジャーナルによるトップ論文の寡占化がますます進んでいる。今後の動向にも注視し，各分野でのあり方が問われる。

7.7 Journal Citation Reportsの構成変更

最後に，JCRに加えられた構成変更がもたらす影響について考察しよう。

JCRは創刊から2019年版まで，JIFが付与されているジャーナルのみを対象（自然科学版SCIE，社会科学版SSCI）としてきた。そこへ2021年６月出版の2020年版より，人文科学版Arts & Humanities Citation Index（A&HCI）TMとEmerging Source Citation Index（ESCI）TMのジャーナルも対象に加えて，引用動向を統計にまとめるようになった。対象を広げた理由は，引用行動のあまり盛んでない分野も，国際誌として読者層が存在するからである。これによってJCRはより広い学術誌出版動向をみるツールとして再構成され，大きな転換点を迎えた。

加えてJCR2022年版より，この新しい２つの引用索引にもJIF付与が始まる。しかしA&HCIとESCIのジャーナルは引用が盛んではないので，JIF算出に足るだけの引用数は得られないジャーナルがほとんどである。ESCI収録の新規ジャーナルのうち分野内で認知度が高くなってきているものをより適格に評価できるようになることが，あらたなJIF付与の意義といえよう。

7-4表　2011〜2021年論文　Nature グループ誌内のトップ論文の割合

	ジャーナル名	トップ論文数	トップ論文占有率	WoS論文数
1	NATURE ENERGY ★	311	51%	615
2	NATURE	3834	39%	9897
3	NATURE PHOTONICS	495	39%	1278
4	NATURE BIOTECHNOLOGY	448	36%	1241
5	NATURE MATERIALS	557	31%	1783
6	NATURE CATALYSIS	119	28%	423
7	NATURE NANOTECHNOLOGY	414	26%	1591
8	NATURE PLANTS	204	26%	789
9	NATURE MEDICINE	482	24%	1968
10	NATURE PHYSICS	441	24%	1852
11	NATURE METHODS	385	24%	1629
12	NATURE ELECTRONICS ★	66	23%	289
13	NATURE CHEMISTRY	316	21%	1509
14	NATURE NEUROSCIENCE	417	19%	2185
15	NATURE CLIMATE CHANGE	260	18%	1470
16	NATURE BIOMEDICAL ENGINEERING	70	16%	440
17	NATURE IMMUNOLOGY	224	16%	1443
18	NATURE GENETICS	309	15%	2074
19	NATURE GEOSCIENCE	229	14%	1622
20	NATURE MICROBIOLOGY	90	9%	967
21	NATURE HUMAN BEHAVIOUR	52	9%	572
22	NATURE METABOLISM	26	8%	317
23	NATURE CHEMICAL BIOLOGY	126	8%	1580
24	NATURE CELL BIOLOGY	108	8%	1389
25	NATURE PROTOCOLS	142	8%	1835
26	NATURE COMMUNICATIONS	3087	8%	40022
27	NATURE MACHINE INTELLIGENCE	16	7%	239
28	NATURE ECOLOGY & EVOLUTION	63	7%	951
29	NATURE ASTRONOMY	28	5%	618

出典：Essential Science Indicator，2022年３月，クラリベイト社

A&HCI と ESCI の引用動向指標としては，新指標である Journal Citation Indicator（JCI）が付与され始めたことに意義がある（6章参照）。この指標の特徴は，分野ごとに標準化が行われており，当該ジャーナルの分野において引用平均期待値を特定し，その期待値よりも高いか低いかを算出することである。JCI は JIF 同様にジャーナルの原著論文とレビュー論文の引用動向を対象としている。

JCR が JIF を掲載するだけの引用統計レポートから，学術誌全般を見渡すレポートとなったため，JCR2020年版を境に，経年比較には注意が必要だ。収録誌は，JCR2019年版が12,171誌であるのに対し，JCR2020年版は20,942誌となり，70％以上拡大し，分野分類の数も254となった。JCR2020年版より JIF の算出に早期公開論文が加えられたので，ここ数年の JIF 算出への影響を鑑みた上で，各分野のジャーナル評価が行われることが期待される。2020年を前後して，学術誌の経年分析を行うときには，こうした統計分析に影響する外部要因をしっかり把握することが重要である。

7章において，研究評価に JIF を使うことへの警告は，定量的評価手法全体への見直しを喚起する大きな動きとなった。クラリベイト社の対応は，JIF の根拠データを明らかにし，メトリクスのみならず，プロファイル全体を見て評価することが推奨されている。JIF の活用実態の進展については，グローバルな動向を見守りつつ，本書が日本での学術誌動向の分析に役立つことの一助になることを願っている。

おわりに

ユージン・ガーフィールド博士の作った旧ISI社の名前を残して，現クラリベイト社の中に「The Institute for Scientific Information（ISI）TM」というアナリスト集団が作られた。このアナリストたちは，ガーフィールドの精神を受け継ぎ，学術界やビブリオメトリクスの専門家，研究評価の専門家と議論を続ける研究者チームである。彼らは今も英国研究会議協議会（RCUK）や欧州委員会の研究評価改革連合（EU Coalition for Reforming Research Assessment）等と議論し，学術出版が「責任ある研究評価（RRA)」へ向かう現代において，グローバル・リサーチ・レポートというシリーズで報告書を出して，クラリベイト社の対案を提議している。

筆者は，ライデン声明が出されてしばらく経ったときに，彼らに「ジャーナル・インパクトファクター（JIF）が小数点以下一桁に表記替えする案はどう思うか」と聞かれたことがあった。当時は多くの出版者が混乱するであろう，とクラリベイト社内ではJIF小数点以下一桁の実現性を即時求めることはしなかった。まさか，それが2023年から実現するとは。

本書の執筆中に，JIFがWeb of Scienceの引用索引コンテンツの全ジャーナルに付与されること，そして，JIFは小数点以下一桁で表すとの，突然のニュースを知ることとなって，筆者は本当に驚いた。しかし同時に，研究評価を改革する世界の動向に際して，データの利用側も，データの提供側もデータを使って評価される側も，この長い年月をかけて，真剣に取り組んでいることがひしひしと伝わってきた。このニュースは，JIFを昔から知る専門家にとっても非常に大きな関心を持って受け止められると思う事象である。

これまでにも，ジャーナル・インパクトファクターを留意して使うべきであることは唱えられてきたが，具体的に正しく使いこなすとはどういうことか，経験値に頼ることが多いのが実情であった。定量的指標に馴染む，ということは難しく，JCRにおけるJIF以外の統計を眺める人も少ない現状であったと思う。

しかし，現実に起こっている研究の世界での実状を研究論文などで見る統計は，非常にわかりやすい形で私たちに起こっていることを伝えている。コロナ禍で NEJM 誌，Lancet 誌，JAMA 誌など医学系の学術誌では，新型コロナ感染に関する論文が激増した。同時に，研究者は常に最新の情報を得て，次の研究へと発展させるスピードが超絶を極めたことを，JCR の“Immedicacy Index（即時被引用率）”で見ることができる。この値は，2020年に出た論文が１論文あたり2020年内に何回引用されたかの被引用率である。記録的な最高値で，なんと，Lancet 誌で259，JAMA 誌で178，NEJM 誌で162である。こうした事象を，学術誌の引用レポート JCR に見出せば，本当の意味でエビデンスベースの分析が身近になると思われる。

JIF だけでは学術情報流通は語れないが，単純な数値である JIF も時代の要請を受けて，透明性を重視した周辺情報が可視化され入手しやすくなった。JIF の学術誌のパフォーマンス指標としての本来の役割がしっかり伝えられれば，JIF をきっかけに，学術誌向上の本来の目的を見据えた戦略プランが学術誌編集にも活かされていく。

若い研究者や，学術誌編集に関わる研究者にも，グローバルな土俵で論じ合うための情報として，JIF 周りの学術出版リテラシーを高めていただければと願って本書をまとめた。融合領域で学際的共同研究を行う研究者たちは，新しい協働チームで相手の領域を知ることになる。新しい領域も，JCR や JIF を使えば，客観的な見地からの領域理解に役立てられ，新しい投稿誌を選ぶ一助となることを期待したい。

筆者は，1990年代半ばより JIF を発表する旧 ISI 社に入社し，各分野の日本の学術誌編集者と JIF のあり方について議論を重ねてきた。その経験から，DORA やライデン声明によって，JIF への期待が変わってきたことを認知し考察した。JIF の発表源である JCR2020～2022年版は，今後のターニングポイントになる年度であることをぜひとも伝えたいとの思いで本書をまとめた。

JIF 等の定量的指標は，正しく使われてこそ研究活動の実態をエビデンスとして表すことができる。正しく理解して活用できるよう，引用分析リテラシー，定量的指標分析リテラシーが広まることを期待してやまない。

オープンアクセス，オープンサイエンスの時代の学術コミュニケーションは，研究者の研究発表の場をジャーナルに置かない時代も見据えている。しかし，メディアがどう変わろうとも，研究者の成果は，研究者が望むに相応しい場において確立され，引用によって次世代に受け継がれていく知の連環を記録する仕組みは，より進展した形で継続されていくに違いない。

最後になるが，執筆にあたり，クラリベイト社の安藤聡子さん，熊谷美樹さんには多くのアドバイスをいただいた。初めての拙著執筆を見守り，ご指導くださった樹村房の大塚栄一社長，石村早紀さんに深く感謝の意を表したい。

2022年９月

棚橋　佳子

索引

〈五十音順〉

〈アルファベット順〉

[著者紹介]

棚橋 佳子（たなはし・よしこ）

岐阜県岐阜市出身。
現在，一般社団法人情報科学技術協会理事・副会長，立教大学兼任講師および帝京大学非常勤講師。
南山大学外国語学部イスパニア語学科卒業。
米国メリーランド州立大学カレッジパーク校図書館情報学修士課程修了（MLS）。
ユージン・ガーフィールド博士が創設した旧 Institute for Scientific Information（ISI）社に1995年入社。同社トムソン・サイエンティフィックを経て，トムソン・ロイター・プロフェッショナル㈱営業統括本部長。2014年よりクラリベイト・アナリティクス・ジャパン㈱取締役を経て，現職。

ジャーナル・インパクトファクターの基礎知識
ライデン声明以降の JIF

2022年 9 月30日　初版第 1 刷発行

著　者Ⓒ　棚　橋　佳　子
発行者　　大　塚　栄　一

検印廃止

発行所　株式会社 樹村房
〒112-0002
東京都文京区小石川 5 丁目11番 7 号
電 話　東京 03-3868-7321
FAX　東京 03-6801-5202
https://www.jusonbo.co.jp/
振替口座　00190-3-93169

組版・印刷／亜細亜印刷株式会社
製本／有限会社愛千製本所

ISBN978-4-88367-370-4